Borchert | Draußen vor der Tür

Lektüreschlüssel XL

für Schülerinnen und Schüler

Wolfgang Borchert

Draußen vor der Tür

Von Martin C. Wald

Reclam

Dieser Lektüreschlüssel bezieht sich auf folgende Textausgabe: Wolfgang Borchert: *Draußen vor der Tür. Ein Stück, das kein Theater spielen und kein Publikum sehen will.* Hrsg. von Mario Leis. Ditzingen: Reclam, 2023. (Reclam XL. Text und Kontext, 16158.) Diese Ausgabe des Werktextes ist seiten- und zeilengleich mit der Ausgabe der Universal-Bibliothek Nr. 19466.

E-Book-Ausgaben finden Sie auf unserer Website unter www.reclam.de/e-book

Lektüreschlüssel XL | Nr. 15546
2024 Philipp Reclam jun. Verlag GmbH,
Siemensstraße 32, 71254 Ditzingen
Druck und Bindung: Esser printSolutions GmbH,
Untere Sonnenstraße 5, 84030 Ergolding
Printed in Germany 2024
RECLAM ist eine eingetragene Marke
der Philipp Reclam jun. GmbH & Co. KG, Stuttgart
ISBN 978-3-15-015546-2

Auch als E-Book erhältlich

www.reclam.de

Inhalt

1. Schnelleinstieg

Autor	Wolfgang Borchert (1921–1947), bedeutender deutscher Schriftsteller des 20. Jh.s
Gattung	Schauspiel
Entstehung, Veröffentlichung, Uraufführung	Das Stück entsteht 1947 innerhalb von wenigen Tagen; kurz danach, im Februar 1947, wird es als Hörspiel im Nordwestdeutschen Rundfunk Hamburg gesendet; Uraufführung ist am 21. November 1947 in den Hamburger Kammerspielen
Ort und Zeit der Handlung	Das Stück spielt in der Nachkriegszeit in Hamburg, wohin die Hauptperson Beckmann nach dreijähriger Kriegsgefangenschaft heimkehrt; es umfasst den Zeitraum von ungefähr einem Tag.

Deutschland im Jahre 1945

Mai 1945. Ein Deutschland gibt es nicht mehr. Seine Städte existieren nur noch als Trümmerwüsten. Die deutsche Armee, die knapp sechs Jahre zuvor begonnen hatte, den europäischen Kontinent zu erobern, hatte sich geschlagen zurückziehen und schließlich kapitulieren müssen, als wäre sie verdampft. Ihr Häuptling hatte im sogenannten »Führerbunker« der Reichshauptstadt Berlin sich selbst und damit die dem Volk seit zwölf Jahren eingetrichterte nationalsozialistische Weltanschauung gerichtet. Zuvor hatte er für die traurigen Reste der einstmals so stolzen Kampfeinheiten nur noch einen Konkursverwalter eingesetzt. Doch die Menschen, die einstmals für diese Armee hatten kämpfen wollen oder kämpfen müssen, werden nach und nach zurückgespuckt in etwas, das eine nationalsozialistische Volksgemeinschaft gar nicht mehr, aber eine demokratische Zivilgesellschaft längst noch nicht ist. In einer Welt, in der so viel Ende und so viel Anfang ist, wie kaum je zuvor, ziehen Zwischenexistenzen zwischen Todessehnsucht und Überlebenswillen, zwischen bleierner Düsternis und blassen Hoffnungsschimmern, zwischen blankem Materialismus und Anflügen von Menschlichkeit ziellos umher.

Beckmann, der Kriegsheimkehrer

Einer davon ist Beckmann. Einfach nur Beckmann. Die Privatheit des Vornamens hat er im Heer, in Gefangenschaft und jetzt auf den elenden Straßen seiner Heimatstadt Hamburg eingebüßt. Er hat keinen Platz. Seine Ehefrau hat sich einem anderen hingegeben. Die Eltern sind tot, eine Arbeit, von der man leben könnte, ist in weiter Ferne. Der Ort, der so ganz anders aussieht als der, den er einst verlassen hatte, um Europa mitzuerobern, verschließt sich vor ihm. Oder verschließt er sich vor den Menschen, die dort leben und die seine Erfahrungen aus dem Krieg nicht teilen? … Um ihn herum wirbelt ein Kuriositätenkabinett grotesker und allzu normaler Figuren: Aber entspringen die seinem kranken Hirn oder dienen sie im Gegenteil dazu, ihn auf dem steinigen Weg einer Selbstfindung zu begleiten?

Einer davon war auch Borchert, Vorname Wolfgang. Der junge Autor ist etwa gleich alt wie sein Held, Jahrgang 1921. Auch er dient an der Ostfront, von wo

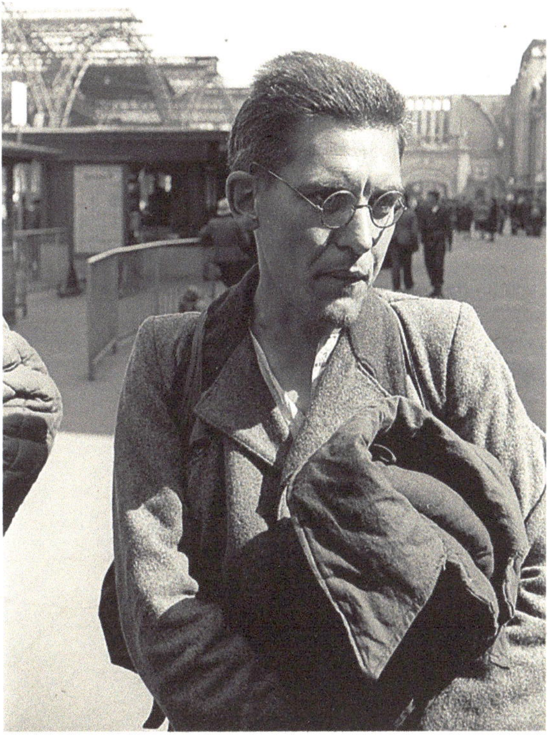

Abb. 1: Porträt eines Kriegsheimkehrers 1950 in Leipzig, Foto von Roger und Renate Rössing

er aber krank und der Wehrzersetzung angeklagt immer wieder und schließlich dauerhaft ausscheidet. Auch er erkennt seine Heimatstadt Hamburg kaum wieder, doch er setzt ganz aufs befreiende Lachen in der Not, will die Kabarettbühne erobern. Da macht ihm seine fortschreitende Lebererkrankung einen Strich durch die Rechnung: Nun bleibt er ans Bett gefesselt, beginnt wie ein Begnadeter zu schreiben, und zwar etwas, das sein schmales Werk zu einer der aussagekräftigsten kulturellen Überlieferungen der unmittelbaren deutschen Nachkriegszeit macht. Borchert hat ein Anliegen: Er will seinen Zuschauern die zentrale Empfindung derer ausdrücken, die er als »seine Generation« versteht: Verraten, vergessen worden und nach ihrer Rückkehr aus dem Krieg hungrig, halberfroren und müde an einem Platz der Nichtzugehörigkeit gestrandet: »Draußen vor der Tür«.

Borchert, Sprecher seiner Generation

2. Inhaltsangabe

Ein Erzähler bereitet auf das kommende Geschehen vor: »Ein Mann kommt nach Deutschland.« (S. 7) Er war lange weg, friert, ist hungrig und innerlich und äußerlich verletzt. Es ist ein Film, den er da bei seiner Rückkehr nach Deutschland, wie viele andere, erlebt: Er findet kein Zuhause mehr, bleibt »draußen vor der Tür«.

[Vorrede]

Ein Beerdigungsunternehmer beobachtet einen Mann mit Bürstenfrisur in altem Soldatenmantel, wie er in die Elbe bei St. Pauli springt. Auch dieser Tote werde wie so viele in diesen Tagen bald vergessen sein, das Leben werde auch ohne ihn weitergehen. Ein alter Mann, der sich als Gott vorstellt, klagt über seine »Kinder« (S. 9), die in Massen ihr Leben verlieren, ohne dass er es ändern könne. Der Beerdigungsunternehmer entpuppt sich als der Tod. Das Rätsel wird gelöst, warum er von Anfang an so ekelerregend rülpst: Fett ist er geworden, an den vielen Toten hat er sich überfressen. Er lässt Gott seine Überlegenheit spüren.

Vorspiel

Wir sind zurück bei Beckmann. So heißt der ehemalige Soldat, der zu Beginn des Vorspiels Selbstmord begehen will. Er begegnet der Elbe in Gestalt einer alten, stinkenden Frau, und gesteht ihr, dass er »[d]a oben« (S. 12) – an Land, in der alten Heimat – einfach nicht mehr könne. Jetzt wolle er nur noch »pennen«, tot sein. Doch die Elbe ruft ihn zur Ordnung: Er sei doch noch viel zu jung, um nach den von ihm er-

Der Traum

zählten armseligen Erfahrungen eine solche Entscheidung treffen zu können: »ich scheiß auf deinen Selbstmord« (S. 13). Sie weist ihre »Jungens« an, Beckmann vorsichtig wieder ans Ufer zu setzen.

1. Szene: Begegnung mit dem Anderen – Rettung durch das Mädchen

Als Beckmann am Strand von Blankenese wieder erwacht, wartet schon »der Andere« (S. 14) auf ihn, ein ungreifbarer Mensch, der sich ihm wortreich als eine Art Prinzip des Mitmenschen oder auch als andere Seite in Beckmanns Persönlichkeit beschreibt, als optimistischer »Jasager«. Beckmann will ihn zunächst von sich wegstoßen, öffnet sich ihm dann aber doch so weit, dass er ihm knapp seine Vorgeschichte erzählt: Drei Jahre in Russland, dort am Bein verwundet, sein erst ein Jahr altes Kind, ohne dass er es je gesehen hat, bei einem Bombenangriff verloren, tags zuvor bei der Rückkehr seine Frau mit einem neuen Mann erwischt. Seit sie ihn distanziert »Beckmann« (S. 16) genannt habe, trage er keinen Vornamen mehr. Danach spaziert ein Mädchen am Strand entlang, findet den Halbtoten und bewegt ihn zum Aufstehen. Sie habe zuhause auch noch trockene Sachen zum Wechseln. So nimmt das Mädchen, dem Beckmann in seiner Trostlosigkeit gut gefällt, den Hungrigen und Frierenden mit zu sich nach Hause. Der Andere, der für das Mädchen offenbar unsichtbar war, bleibt in seinen Gedanken alleine zurück, manchmal brauche so ein gescheiterter Selbstmörder nur eine schöne, warme, mitleidvolle Frau, um wieder zum Leben zu erwachen.

Auf dem Zimmer fällt dem Mädchen erst bei Licht die hässliche Gasmaskenbrille auf, die Beckmann trägt. Er verfüge nur noch über diese, seit ihm seine richtige in Russland kaputtgeschossen worden sei. Obwohl er beteuert, ohne Brille völlig hilflos zu sein, nimmt das Mädchen sie ihm ab, weil er ihr so besser gefalle. Die Jacke, die das Mädchen ihm gibt, ist Beckmann viel zu groß, die Jacke eines Athleten. Sie habe ihrem Mann gehört, so das Mädchen, der vor drei Jahren in Stalingrad verschollen sei. Es wird deutlich, dass das Mädchen einen Gefährten zum Reden und zur Zweisamkeit sucht, und unter den Kosenamen »Fisch« (S. 20) (weil sie ihn am Strand gefunden hat) und »Gespenst« (S. 21) (wegen der gruseligen Brille) nähert sie sich ihm körperlich. Sie will schon die Tür abschließen, was ihr Beckmann ausredet. Er sieht ohne Brille alles verschwommen, kann jedoch hinter ihr schemenhaft die Gestalt eines wahren Riesen ausmachen, der nur ein Bein hat. Das Mädchen stürzt schreiend davon: Ihr Mann ist doch noch aus dem Krieg zurückgekehrt, Beckmann erlebt dieselbe Geschichte wie tags zuvor mit seiner eigenen Frau, nur andersherum. Der Einbeinige spricht Beckmann mit Namen an, die beiden kennen sich offenbar vom russischen Schlachtfeld. Beckmann flüchtet hinaus auf die Straße und trifft dort wieder auf den Anderen, von dem er sich eher gestört als gehört fühlt. Er klärt die Bekanntschaft mit dem Einbeinigen auf: Als Unteroffizier hatte er einem Obergefreiten Bauer den Befehl gegeben, einen bestimmten Posten unbedingt zu halten. Er verzweifelt jetzt selbst an seinem Namen »Beckmann« und will nicht mehr so heißen, seit der Einbei-

2. Szene: Zuhause beim Mädchen – Flucht vor dem Einbeinigen

nige ihn so vorwurfsvoll ausgesprochen hat. Auf Vorschlag des Anderen bricht er auf, einen Mann zu besuchen, der offenbar damals Beckmanns eigener Befehlsgeber war.

3. Szene: Zuhause beim Oberst – Der Alptraum

Beckmann ist in die Wohnung eines Obersts und seiner Familie (Ehefrau, Tochter und Schwiegersohn) eingedrungen, die er beim Abendessen antrifft. Er äußert sich sarkastisch über seine Zeit beim Militär, und wie es manche Vorgesetzten geschafft hätten, es sich im und nach dem Krieg gemütlich zu machen und ein Leben in Saus und Braus zu führen, während er und seine Kameraden litten und noch leiden. Auch am Esstisch der Familie wird die furchtbare Gasmaskenbrille zum Thema. Die Borstenfrisur bringt den Oberst auf den Gedanken, sein ungebetener Besucher könne ein entlaufener Sträfling sein, doch kommt er zunehmend zur Überzeugung, ihm sei einfach nur durch den Krieg ein wenig der Verstand verwirrt worden. Während es seine Ehefrau vor Beckmann graut, der Schwiegersohn ihn für arrogant und die Tochter für zwar verrückt, aber doch harmlos hält, führt der Oberst das Gespräch mit seinem ehemaligen Untergebenen. Beckmann erzählt eindringlich einen Traum, den er jede Nacht träume und von dem er stets aufwache: Ein fetter, Blut schwitzender Mann, wohl ein General, mit langen dünnen Armprothesen spiele auf einem Xylophon aus Menschenknochen einen schwungvollen Marsch. Die versehrten Skelette kämen massenweise aus ihren Gräbern und überschwemmten die Welt. Der General am Xylophon aber befehle ihm, Beckmann, diese Angetretenen abzählen zu lassen. Doch stattdessen brüllten die Toten unablässig und anschwellend seinen Namen: »Unteroffizier Beckmann« (S. 35). Mit einem Schrei fahre er sodann aus dem Traum und finde dann die ganze Nacht keinen Schlaf mehr. Und weil er wieder einmal durchschlafen wolle, sei er nun hier. Er bringe dem Oberst die Verantwortung zurück, die ihm am 14. Februar bei Gorodok aufgetragene Verantwortung für zwanzig Mann, von denen elf nicht mit zurückkehrten. Er werde schon bei elf des Nachts heimgesucht von den Fragen und Klagen der hinterlassenen Frauen und Kinder, wie gehe es da wohl dem Oberst bei tausend oder zweitausend? Wenn er trotzdem gut schlafe, könne er doch auch noch die Verantwortung für weitere elf verkraften. Der Oberst reagiert auf Beckmanns Tirade unsicher, flüchtet sich dann in Gelächter und in den Gedanken, sein ehemaliger Befehlsempfänger müsse das komisch gemeint haben. Er schlägt ihm vor, sich warm zu waschen und zu rasieren und einen alten Anzug von ihm anzunehmen, damit er »erstmal wieder ein Mensch« (S. 39) werde. Diese Äußerung weckt Beckmann aus seiner Apathie und er droht Amok zu laufen. Die Lampe fällt um, das Licht erlischt, und als die Familie wieder sehen kann, fehlen nicht nur Beckmann, sondern auch die Rumflasche und ein halbes Brot. Die Szene endet mit dem auf der Straße sitzenden und sich mit dem Rum betrinkenden Beckmann. Der Alkohol ersäuft seinen Verstand, mildert dadurch aber auch sein Leiden wegen der Kriegstoten. Beckmann lässt sich auf den Gedanken des Obersts ein, das Ganze sei auch komisch zu verstehen, und fasst den Vorsatz, zum Zirkus zu gehen.

4. Szene: Im Büro des Kabarettdirektors

Derart vorbereitet, sehen wir Beckmann zu Beginn der 4. Szene im Büro des Direktors eines Kabaretts sitzen. Aus der Szene zuvor ist er noch ein wenig angetrunken. Der Direktor formuliert seine hochgesteckten Erwartungen an die Kunst der Jugend: Wirklichkeitsnah, wahrhaftig, revolutionär solle sie sein, »überlegen« (S. 42), aber gleichzeitig nicht vollendet. Sie solle lebendig sein und dem Leid der Jugend eine Stimme geben. Er selbst habe schon mit siebzehn auf der Bühne gestanden und dem Spießer den Spiegel vorgehalten. Auch der Direktor spricht Beckmann auf die groteske Gasmaskenbrille an. Während Beckmann diese mit seiner kürzlichen Rückkehr aus Sibirien entschuldigt, prahlt der Direktor mit drei verschiedenartigen hochwertigen Brillen, die er jeweils für bestimmte Anlässe benötige (von denen er deshalb keinesfalls auf eine verzichten könne). Auf der Bühne dürfe sich Beckmann aber mit seinem Gestell auf keinen Fall sehen lassen. Das Publikum wünsche doch heitere, positive Kunst. Auch dass Beckmann ein Kabarett-Neuling sei, verwendet der Direktor nun gegen ihn: Das unternehmerische Risiko sei da einfach zu groß. Beckmann sei noch zu jung, solle erst einmal das Leben kennenlernen, anfangen zu arbeiten, und dann wiederkommen. Dennoch lässt der Direktor den Kriegsheimkehrer nun, mehr gesprochen als gesungen, das Lied von »der tapferen kleinen Soldatenfrau« (S. 47) vortragen. Trotz einigen Lobes fehlt dem Direktor an der Darbietung einiges zu echter Kunst: Geist, Glanz, Weisheit – und Heiterkeit und Überlegenheit. Erneut gibt er dem Kabarett-Interessierten den Tipp, sich noch zu gedulden. Beckmann fährt nun zunehmend aus der Haut: Seine Darbietung habe doch in jedem Fall die »Wahrheit« (S. 49) für sich, eine Kategorie, deren Wert der Direktor abstreitet. Grußlos verlässt Beckmann das Büro und lässt lautstark die Tür zufallen. Draußen trifft er, von Selbstmordgedanken gepeinigt, auf den Anderen. Während er an der Welt verzweifelt und sich wieder auf seinen Platz »draußen vor der Tür« verwiesen sieht, beschwört der Andere: »Die Wahrheit lebt!« (S. 50). Der Andere lenkt Beckmann mit Gedanken an dessen Vater und Mutter ab, die er sich als nächstes aufzusuchen vornimmt.

5. Szene: Abweichende Struktur und Länge

Die 5. Szene ist die mit Abstand längste des Stückes. Sie hat anders als die vorherigen keinen eindeutigen dramatischen Mittelpunkt, sondern wiederholt und variiert alle in den Szenen zuvor aufgefächerten Handlungs- und Motivkomplexe. Auch die darin eingeführten Figuren haben einen weiteren und letzten Auftritt. Zusammengehalten werden diese kleinen angespielten Szenen durch die Dialoge Beckmanns mit dem Anderen, der den Protagonisten dazu anhält, aus seinem bösen Traum aufzuwachen und sich auf den Weg zurück ins Leben zu begeben.

Der Beginn der Szene entspricht noch der eingeführten Struktur, dass die Vorausdeutung vom Ende der vorausgehenden Szene eingelöst wird. Das heißt, Beckmann hat sich auf den Weg zur Wohnung seiner Eltern gemacht. Er kommt dort voller wehmütiger Kindheitserinnerungen an. Doch es folgt der Schreck: Ein anderer Name steht auf dem Klingelschild, nämlich »Kramer« (S. 53). Er macht die Bekanntschaft der zwischen Gleichgültigkeit und Gutmütigkeit schwankenden Frau Kramer, die dem Sohn erzählt, was aus den Eltern geworden ist: Der Vater habe sich ja immer so sehr gegen die Juden geäußert, da habe er nach dem Krieg seine Arbeitsstelle und seine Pension verloren. Als sie dann auch noch die Wohnung aufgeben sollten, hätten sich er und seine Frau – Beckmanns Mutter – mit Gas das Leben genommen. Jetzt seien sie, wie Frau Kramer gefühlskalt mitteilt, wohnhaft Kapelle 5 auf dem Ohlsdorfer Friedhof. Auch Frau Kramer fällt wie allen Figuren des Stückes die Gasmaskenbrille Beckmanns auf. Doch erst als sie taktlos ihren Ehemann zitiert, mit dem von den alten Beckmanns verschwendeten Gas hätte man einen ganzen Monat kochen können, wird der Tonfall Beckmanns mit einem Mal drohend und Frau Kramer schlägt angsterfüllt die Türe zu.

■ An der Schwelle des Elternhauses – Frau Kramer

Es folgt das erste Zwischenspiel Beckmanns mit dem Anderen. Beckmann reflektiert hier vor allem darüber, wie sich durch den Krieg der Umgang mit dem Tod und den Toten relativiert habe. Er bringt seine äußerste (Lebens-)Müdigkeit zum Ausdruck. Die Straße, auf die ihn der Andere permanent zurückverwei-

■ Wiederbegegnungen

sen will, führe ihn nur abwärts, für ihn gehe es vielmehr nur darum, sich mit dem Tod zu befreunden. Dann erscheint Gott. Beckmann ist sich mit ihm uneins, ob er sich von den Menschen oder die Menschen sich von ihm abgewandt hätten. Nach ihm betritt der Tod die Bühne, diesmal im Aufzug eines Straßenkehrers. Das Keuchen, das Beckmann als das Rasseln seiner Lungen gedeutet hatte, könnte auch das Geräusch des Straßenkehrer-Besens sein, wie ihm der Andere einzugeben versucht, um ihn von seinen zermürbenden Gedanken abzubringen. Ihr Gespräch wendet sich dem Thema zu, ob die Menschen gut oder böse seien. Dann tritt der Oberst aus der 3. Szene wieder auf, doch er geht völlig mitleidlos mit dem Schicksal Beckmanns um, was die Fortsetzung des Gesprächs von Beckmann und Anderem über das Wesen des Menschen motiviert. Erneut sucht der Andere Beckmann aus dessen Traum aufzuwecken und ihm Lebensmut zu schenken. Wie gegen Gott, den Tod und den Oberst bringt Beckmann auch gegen den nun erscheinenden Direktor aus der 4. Szene die Anklage vor, er habe ihn erst in den verzweifelten Zustand gebracht, in dem er sich nun befindet. Nach dessen Abgang prangert er gegenüber dem Anderen den Verrat an, den die Verantwortlichen für den Krieg an ihm und den einfachen Soldaten begangen hätten: Zuerst hätten sie sie für den Kampf begeistert und zeigten nun mit dem Finger auf sie. Auch Frau Kramer vom Beginn der 5. Szene, die nun des Weges kommt, bezichtigt er des Mordes, und spricht sie aggressiv und polemisch darauf an, wie es denn um ihre Menschlichkeit stehe. Als Nächstes erkennt Beckmann seine Frau in inniger Umarmung mit ihrem Freund. Er versucht sie anzusprechen und auf sein Schicksal aufmerksam zu machen, doch sie kann ihn nicht hören. Währenddessen scheint sich auch der Andere allmählich zu entfernen. Das Mädchen aus der 2. Szene kommt auf der Suche nach Beckmann, der sich ihr als tot vorstellt. Auf ihr liebevolles Angebot, mit ihr zu leben, geht er freudig ein, doch da zerbricht die Lampe, und als Nächstes hört Beckmann die klopfenden Schritte des Einbeinigen, der erzählt, wie er, nachdem er Beckmann mit seiner Frau gesehen habe, in die Elbe gegangen sei. Dies berichtet er ohne Bitterkeit, aber mit der Mahnung, Beckmann solle auch diesen von ihm selbst begangenen Mord nicht vergessen.

Schlussmonolog

In seinem Schlussmonolog ist der Andere verschwunden und Beckmann alleine. Er greift den Gedanken des Einbeinigen auf, nicht nur selbst ermordet worden zu sein, sondern selbst gemordet zu haben. Er erinnert sich ein letztes Mal an die Situationen im Verlauf seiner misslungenen Heimkehr nach Deutschland, in denen er immer wieder »draußen vor der Tür« stand. In weiten Teilen spricht er von sich in der dritten Person. Das Gefühl der Entfremdung von der Welt, die ihn umgibt, ergreift von ihm Besitz. Er stellt in verschiedenen Varianten seine Kernfrage, ob, warum, wozu er leben solle, doch es ist keiner mehr da, der ihm eine Antwort geben könnte.

[Vorrede]	Vorbereitung auf das folgende Stück durch einen »Erzähler«.
Vorspiel	Am Hamburger Elbufer will sich ein Mann das Leben nehmen. Der Tod und Gott kommen ins Gespräch über die Toten des Jahrhunderts.
Der Traum	Die Elbe spuckt den Selbstmörder namens Beckmann wieder aus.
1. Szene	Am Elbstrand bei Blankenese trifft Beckmann nach seinem Wiedererwachen auf den Anderen. Das Mädchen nimmt ihn mit sich nach Hause.
2. Szene	Das Mädchen und Beckmann nähern sich an. Da werden sie von ihrem heimkehrenden Mann, dem Einbeinigen, aufgestört.
3. Szene	Beckmann platzt in das Abendessen der Familie des Obersts hinein. Er will ihm die Verantwortung für einen katastrophal geendeten Kriegseinsatz an der Ostfront zurückgeben.
4. Szene	Beckmann will zur Bühne gehen und spricht bei einem Kabarettdirektor vor.
5. Szene	Beckmann erfährt, dass seine Eltern tot sind. Er überwirft sich mit der nun in seiner alten Wohnung lebenden Frau Kramer. Er trifft alle Figuren, mit denen er bislang nach seiner Rückkehr konfrontiert wurde, auf der Straße wieder. Er tauscht sich mit dem Anderen über das Leben und die Menschen aus und bleibt am Ende alleine zurück.

Abb. 2: Kurzüberblick über den Inhalt

3. Figuren

Beckmann

»Beckmann« – seinen Vornamen erfahren wir nicht – ist ein Kriegsheimkehrer, der im Herbst/Winter 1945/46 nach dreijähriger Kriegsgefangenschaft in Sibirien (S. 55) in seine Heimatstadt Hamburg zurückkommt. Die Datierung ergibt sich am genauesten aus der Äußerung des Mädchens, ihr Mann sei in Stalingrad vermisst: »Das war vor drei Jahren.« (S. 22) Beckmann ist 25 Jahre, von eher schmächtiger Statur und von fahler Gesichtsfarbe. Er trägt einen Bart (S. 39). In einer Schlacht wurde er am Bein verwundet (»Kniescheibe gestohlen«, S. 18), das seitdem steif ist, weswegen er stark hinkt. Die Hauptgestalt des Dramas trägt den Namen eines Freundes von Borchert, des Bildhauers Curt Beckmann.

■ Äußere Merkmale I

■ Militärische Laufbahn

Seine Laufbahn als Soldat im Zweiten Weltkrieg kann der Leser mittels einiger verstreuter Angaben im Laufe des Stücks weitgehend rekonstruieren. Sechs Jahre lang (S. 28) trug Beckmann die Uniform der deutschen Wehrmacht, also seit seinem 21. Lebensjahr. Da er »drei Jahre lang weg« (S. 15) war, ergibt sich, dass er etwa im Sommer/Herbst 1942 einen Heimatbesuch gemacht haben muss. Dann muss er gleich wieder an die Front nach Stalingrad gekommen sein, wo er in russische Kriegsgefangenschaft geriet (S. 29). Die Einsätze, an die Beckmann sich erinnert bzw. erinnern lässt (»Schneesturm bei Smolensk«, »Bunker bei Gorodok«, S. 14; der »14. Februar« bei Gorodok, S. 36), geschahen alle an der Ostfront des Zweiten Weltkrieges und müssen gemäß der Verschiebung des Frontverlaufs zeitlich bedeutend früher liegen, also ab dem Beginn des deutschen Überfalls auf die Sowjetunion am 22. Juni 1941. Zu diesem Zeitpunkt hatte Beckmann es bereits in den Rang eines Unteroffiziers geschafft (u. a. S. 36).

Zwei Tage, bevor die eintägige Handlung stattfindet, war der invalide Kriegsheimkehrer in Hamburg eingetroffen (S. 43), hatte tags darauf seine Ehefrau aufgesucht, sie aber mit einem anderen Mann angetroffen. Mit dieser Frau hatte er ein gemeinsames Kind, das, wie man dem Zusammenhang (S. 16) entnehmen kann, einem Bombenangriff zum Opfer fiel. Es war »gerade ein Jahr alt und ich hatte ihn noch nicht gesehen« (S. 16). Entweder also wurde das Kind bei einem früheren Heimatbesuch gezeugt und seine Frau war beim Heimatbesuch im Sommer/Herbst 1942 mit dem Kind schwanger. Gestorben sein könnte der Kleine dann während der Luftangriffe der »Operation Gomorrha« auf Hamburg im Juli/August 1943. Oder aber das Kind wurde auf dem genannten Heimatbesuch gezeugt – dann muss es aber ein späteres Bombardement gewesen sein, während dem es den Tod fand.

■ Privatleben – Familienstand

Sowohl die Zeit als Soldat (1939–42/43) als auch in Kriegsgefangenschaft (1942/43–45) haben deutliche Spuren im Denken und Fühlen Beckmanns hinterlassen. Er ist verzweifelt, weiß nicht, wohin mit sich, alle

■ Mentale Disposition

Türen scheinen ihm selbst in der (ehemaligen) Heimat versperrt. Er ist seiner Umgebung, die Umgebung ist ihm fremd geworden. Die Erfahrungen, die Angst auf den Schlachtfeldern, das Hungern und Frieren im Kriegsgefangenenlager, das Leiden an der Teilnahmslosigkeit der Mitmenschen lasten zentnerschwer auf ihm. Er selbst scheint den Krieg wieder in eine Gesellschaft, die mit dem Krieg abschließen will, hineinzutragen. Mit dem Verlust von Kind und Frau hat er den Lebensmut verloren und will sich das Leben nehmen, was misslingt. Er wird am Strand von Blankenese wieder an Land gespült.

Äußere Merkmale II

Eine besondere Rolle spielen die Beschreibungen des Äußeren Beckmanns, die sowohl er als auch vor allem die anderen Figuren vornehmen. Beckmann trägt eine so genannte »Gasmaskenbrille« (S. 20), ein absonderliches Brillengestell, das dem Träger ein roboterartiges Aussehen verleiht. Kaum eine andere Figur im Stück versäumt es, Beckmann darauf anzusprechen. Die borstige Kurzhaarfrisur erinnert den Oberst an einen entlaufenen Sträfling (S. 29) – dabei ist es nur der Schnitt, der im Kriegsgefangenenlager jedem verpasst wurde (S. 29). Die äußeren Merkmale Beckmanns gewinnen im Stück leitmotivischen Charakter, wie das Mädchen eingängig formuliert: »Mit der Brille und dem Bein noch diese kurzen kleinen Borsten.« (S. 23)

Charakterisierung durch das Mädchen

Ohnehin trägt das Mädchen in der 1. und 2. Szene viel zur Charakterisierung der Figur bei, unterstützt von Beckmann selbst, der über sich mit ihrer Hilfe reflektierende Gedanken macht. Grau sei er, trost- und hoffnungslos, schlechtgelaunt, vor Müdigkeit maulfaul geworden, dennoch sympathisch in seiner Hilfebedürftigkeit. Er fühlt sich wertlos, weniger als ein Mensch als eine Sache (S. 15), und nicht dazugehörig: »Vielleicht bin ich auch ein Gespenst. […] Ein Gespenst aus dem Krieg, für den Frieden provisorisch repariert.« (S. 22) Scharfsinnig schließt das Mädchen: »Ich glaube, Sie tragen innerlich auch so eine Gasmaskenbrille.« (S. 22)

In Interaktionen mit den anderen Figuren trägt Beckmann unterschiedliche, sich abrupt abwechselnde Gesichter, was seine psychische Beschädigung unterstreicht. Meist reagiert er apathisch und unzugänglich, seine resignative Haltung schlägt aber im Gespräch nicht selten auch in bitteren Sarkasmus um. Worte und Gedankengänge, die für ihn von Unmenschlichkeit zeugen, bringen ihn gar an die Grenze zur Raserei (S. 39, 49, 57). Wie aus den Gesprächen vor allem mit dem Anderen hervorgeht, ist Beckmann tief enttäuscht von der Mitleidlosigkeit seiner Umgebung – eine Haltung, die offenbar aus einem hohen ethischen, fast idealistischen Anspruch an das Menschsein entspringt (u. a. S. 72).

■ Psychische Beschädigung und Menschheitspathos

Einen weiteren Grund für die prekäre persönliche Situation Beckmanns lernt der Zuschauer am Ende der 2. Szene kennen: seine Schuldgefühle. Der Einbeinige, der überraschend zurückkehrende Ehemann des Mädchens, stellt sich als jener Obergefreite Bauer heraus, dem er einst auf dem Schlachtfeld den Befehl erteilte, seinen Posten bis zum Letzten zu halten. Da-

■ Schuldgefühle

bei muss Bauer sein Bein verloren haben (S. 26). Als der Einbeinige seinen ehemaligen Befehlshaber wiedertrifft, spricht er den Namen »Beckmann« mit »*ungeheurem Vorwurf*« (S. 25) aus. »Ich soll weiterleben«, so Beckmann später zum Anderen, »wo es diesen Einbeinigen gibt, der immer Beckmann sagt?« (S. 26).

Qualen durch Alpträume

Das Motiv der Schuldgefühle ist dann zentrales Element auch der 3. Szene. Beckmann erzählt, dass er schlecht von den toten Soldaten des Weltkriegs träumt, seinen Kameraden, die als Skelette auf die Erdoberfläche zurückkehren und ihn mit seinem Namen ansprechen. Seine ständige Müdigkeit ist mit auf den Umstand zurückzuführen, dass er irgendwann nachts schreiend aus diesem Traum erwacht und dann nicht wieder einschlafen kann, gepeinigt von den Gestalten, Gesichtern und Stimmen der Angehörigen jener Soldaten, die auf seinen Befehl – und auf seine Verantwortung – an einem 14. Februar (eines ungenannten Jahres) bei Gorodok mit ihm einen Erkundungsgang unternahmen, aber nicht mit zurückkehrten. In der 3. Szene sucht er jenen Oberst auf, der ihm damals den Befehl erteilt hatte: Ihm will er, bildlich gesprochen, die Verantwortung »zurückgeben«.

Gebrochene Identität

Die schuldhaften Kriegserfahrungen, die Zurückweisung durch die Hamburger, die suizidale Grundstimmung, die psychische Labilität haben Beckmann darüber hinaus in eine massive Identitätskrise gestürzt. Er leidet an seinem Vor- und Nachnamen, weiß selbst kaum, ob er schon tot ist oder noch lebend, hat mit dem Anderen einen Gesprächspartner an seiner Seite, den man mit gutem Grund als eine Abspaltung seiner Persönlichkeit interpretieren kann. Die anderen Figuren benennen Beckmann gerne mit wechselnden Namen, was diese Zerspaltenheit unterstreicht. Mit dem geplanten Gang zum Zirkus bzw. zum Kabarett entwickelt Beckmann am Ende der 3. und der 4. Szene Züge einer Extrovertiertheit, mit der man als Zuschauer nicht gerechnet hätte – auch dies ein Merkmal einer gebrochenen Persönlichkeit, die sich selbst nicht mehr kennt.

Am Anfang der 5. Szene werden indirekt Beckmanns Eltern vorgestellt. Das Leben, das Beckmann in der von ihm aufgesuchten Wohnung als Kind und Jugendlicher führte, beschreibt dieser zwar als recht eintönig und gewöhnlich, aber doch liebevoll. Insgesamt muss diese Kindheit ziemlich behütet verlaufen sein. Doch das Messingschild mit dem gewohnten Familiennamen fehlt, und stattdessen berichtet ihm die nun dort lebende Frau Kramer vom Verbleib seiner Eltern: Der Vater hatte im Zuge der Entnazifizierung seine Arbeitsstelle verloren und sollte nun auch aus der Wohnung raus – da nahm er sich mit seiner Frau das Leben.

■ Elternhaus

Im weiteren Verlauf der 5. Szene klagt Beckmann die Figuren, die ihm zuvor begegnet waren, des Mordes an sich an. Seinem Gesprächspartner, dem Anderen, will er verständlich machen, dass es mit ihm in diesem Leben nicht weitergehen werde. Seine Verzweiflung erreicht den Höhepunkt. Erst seine letzte Begegnung, mit dem Einbeinigen, bringt ihn dazu, in

■ Wachsende Verzweiflung

sein Selbstbild als Gemordeter das des Mörders zu integrieren: »Und der Mörder Beckmann hält das nicht mehr aus, gemordet zu werden und Mörder zu sein.« (S. 84) Beckmann steigert sich in einen wahren existenziellen Fragerausch hinein, doch da sogar der Andere verschwunden ist, verhallen alle seine Fragen ungehört und unbeachtet: »Gibt denn keiner, keiner Antwort???« (S. 85)

Gliederung des Figurentableaus

Reale Personen – Symbolische Figuren

Sinnvollerweise kann man das sonstige Personal des Stückes *Draußen vor der Tür* in zwei große Gruppen unterteilen, die »realen Personen« und die »symbolischen Figuren«. Die »realen Personen« begegnen Beckmann bei seinem Versuch, in Hamburg wieder anzukommen, sozusagen in Fleisch und Blut. Wir finden sie also in den Häusern des historischen Hamburgs des Jahres 1945 oder wenigstens an ihrer Schwelle, Beckmann in seine Stellung »draußen vor der Tür« verweisend. Sie treiben damit die äußere Handlung um den Kriegsheimkehrer Beckmann an. Die »symbolischen Figuren« sind hingegen in den Zwischenwelten zuhause, und es ist fraglich, ob sie eine Materialität besitzen, oder ob sie nur eine verschwimmende mythologische bzw. psychologische Qualität auszeichnet. Jedenfalls sind sie eher in eine innere Handlung um die existenzielle Bestimmung des Menschen einzuordnen.

Auch innerhalb dieser Gruppen sind unterschiedliche Grade des Realismus und der Verzerrung festzu-

Abb. 3: Hans Quest als Beckmann. Uraufführung der Hamburger Kammerspiele 1947 – © picture-alliance / akg-images | akg-images

stellen, die aus der folgenden Zusammenstellung hervorgehen sollen.

Figuren der äußeren Handlung: »Reale Personen«

Der Oberst und seine Familie

Vom **Oberst** wissen wir, dass er Beckmann bei Gorodok die Verantwortung für zwanzig Mann aufgetragen hatte, von denen nur neun in die Stellung zurückkehrten. Für ihn, einen höheren Offizier der Kriegsjahre, scheint sich alles zum Guten gefügt zu haben. Schuldgefühle wegen der vielen Kriegstoten beschäftigen ihn nicht mehr, er geht im Familienleben auf. Wir treffen ihn denn auch beim reichhaltigen Abendessen im Familienkreis an. Erinnerungen und Erfahrungen seines ehemaligen Untergebenen tut er als Eigensinnigkeit, Wahnsinn oder komischen Einfall ab. Seine Familie ist gegenüber dem Eindringling ähnlich hilflos, doch während die **Mutter** von Grauen geschüttelt wird und die **Tochter** ihn für verrückt hält, stuft ihn der **Schwiegersohn**, ohne wirklich ein klares Bild von ihm zu gewinnen, jedenfalls als Art menschlicher Abschaum ein. Die Haltung des Obersts zu Beckmann kann, wie es dann auch in der Regieanweisung für die 5. Szene steht, als *»völlig verständnislos«* (S. 72) zusammengefasst werden.

Der Kabarettdirektor

Der **Direktor** leitet ein Kabarett. Ähnlich dem Oberst betont er, dass der Krieg doch aus sei und auch Beckmann dem in seiner geplanten Darbietung tunlichst Rechnung tragen sollte. Er ist stolz auf seine ei-

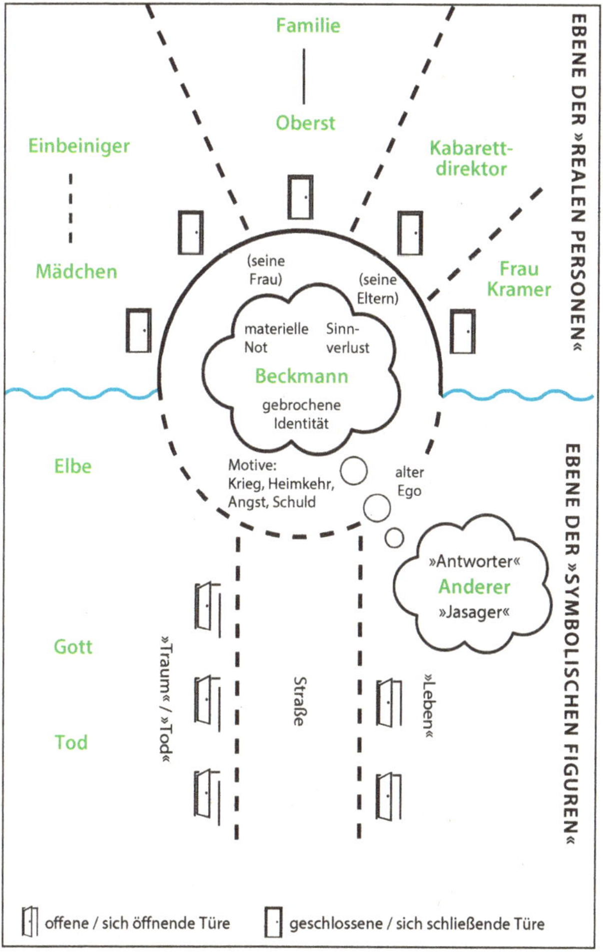

Abb. 4: Übersicht über die Figurenkonstellation und Raumgestaltung

gene Kabarett-Karriere, die er schon als Siebzehnjähriger begonnen habe. Von einem Neuankömmling wie Beckmann erwartet er Unmögliches, zunächst Authentizität, dann, als ihm angesichts der Getriebenheit seines Gastes unheimlich zumute wird, plötzlich große Kunst und perfekte Unterhaltung. Darin, was die Wahrheit in der Kunst zu schaffen hat, ist seine Haltung widersprüchlich. Letztlich erschöpft sich der Zweck seiner Kommunikation darin, Beckmann loszuwerden. Ehrlicher ist der Direktor bei der Wiederbegegnung mit Beckmann in der 5. Szene: Beckmann sei einer von denen, »die ein bisschen sensibel sind« (S. 75), er sei ihm beim Vorsprechen bereits als ein »kleiner Fanatiker« (S. 75) erschienen.

Frau Kramer

Frau Kramer wohnt jetzt in der Wohnung, in der Beckmann aufgewachsen ist und sich seine Eltern das Leben genommen haben. Dafür, dass jetzt der Sohn dort vor ihr steht, scheint sie kein Gespür zu haben. Für Borchert könnte diese Frau Kramer wie keine andere Figur die Empathielosigkeit der Zeitgenossen repräsentieren. Diese Auffassung lässt sich durch den Aufwand an Regieanweisungen für ihren kurzen Auftritt belegen: »*mit einer gleichgültigen, grauenhaften, glatten Freundlichkeit, die furchtbarer ist, als alle Rohheit und Brutalität*« (S. 53, und weitere mehr). In der 5. Szene dient die Figur in der Auseinandersetzung mit dem Anderen Beckmann dazu nachzuweisen, dass die Mitmenschen herzlos und somit schlecht sind. »*[R]obust, um nicht zu heulen*« (S. 78) verteidigt sie ihre kühle Haltung: »Geht mir ans Herz, aber wo kommt man hin, wenn man alle Leute beweinen wollte! […] das darf uns nicht kratzen, sonst wird uns noch das bisschen Margarine schlecht, das man auf Brot hat.« (S. 78)

Bereits an zweiter und dritter Stelle des Personenverzeichnisses nach Beckmann stehen **»seine FRAU, die ihn vergaß«** sowie **»deren FREUND, der sie liebt«** (S. 6), obwohl beide keine Sprechrolle haben. Wir erfahren nur aus dem Mund Beckmanns davon, dass die Frau bzw. »die meine Frau war« (S. 15) offenbar nicht mehr mit ihm gerechnet hatte und deshalb nun einen neuen Freund hat. Besonders verletzt ist Beckmann durch die Tatsache, dass sie ihn einfach nur noch mit »Beckmann« (S. 16) ansprach. Später, in der 5. Szene, geht die Frau mit ihrem Freund in enger Umarmung an Beckmann vorbei, ohne dass sie ihn sehen oder hören kann: »Sie hat mich vergessen, und ich bin erst einen Tag tot.« (S. 79)

■ Beckmanns Frau und ihr Freund

Beckmann tröstet sich, nachdem die Elbe ihn wieder ausgespuckt hat, mit dem **Mädchen**, das den halb Ertrunkenen am Strand von Blankenese entdeckt. Sie nimmt ihn mit zu sich nach Hause und gibt ihm trockene Sachen. Sie ist fürsorglich und selbst anlehnungsbedürftig. Ihr Wortschwall spricht dafür, dass sie selbst längere Zeit niemanden zum Reden und Anfassen mehr kannte. Die verschiedenen Namen, mit denen sie Beckmann belegt, scheinen ihre Neugier auf den Gast und eine verspielte Fabulierlust zum Ausdruck zu bringen. Nur vage werden einige ihrer äußeren Merkmale vom zurückbleibenden Anderen

■ Ein Mädchen

beschrieben: »Wegen so ein paar Locken, wegen so einer weißen Haut und ein bisschen Frauengeruch.« (S. 19), wegen »so kleinen Händen und wegen einem schlanken Hals« (S. 20) habe Beckmann plötzlich nicht mehr sterben wollen.

Der Einbeinige

Bei ihren Bemühungen, Beckmann zu verführen (»Aber heute sind wir doch noch warm.«, S. 24), werden die beiden vom **Einbeinigen** gestört, der im Personenverzeichnis als »ihr MANN, der tausend Nächte von ihr träumte« (S. 6) angekündigt ist. Durch seine riesenhafte Statur ist er eine respekteinflößende Gestalt. Monoton und apathisch weist er seinen Konkurrenten zurecht (»Was tust du hier. Du? In meinem Zeug? Auf meinem Platz? Bei meiner Frau?«, S. 25), bis er in Beckmann einen Vorgesetzten aus dem Krieg erkennt: Beim Einbeinigen handelt es sich um einen Obergefreiten Bauer, der auf Beckmanns Befehl einen Posten bis zum Letzten halten sollte (S. 26), wobei er auch sein Bein verlor. Jetzt spricht der Einbeinige den Namen »Beckmann« nur noch »*mit ungeheurem Vorwurf*« (S. 25) aus.

Mädchen und Einbeiniger in der Schlussszene

Mädchen und Einbeiniger sind die letzten Gestalten seiner Heimkehr, denen Beckmann in der langen Schlussszene wiederbegegnet. Innerhalb der Gefühlswüste Beckmanns fällt hier die Wärme und Positivität des Mädchens nur umso stärker auf: »Immerzu. Dich! Und nur dich. Die ganze Zeit über dich. […] Willst du nicht mit mir lebendig sein?« (S. 81). Der Einbeinige hingegen wiederholt Beckmann gegenüber erneut seine Geschichte der Kriegsheimkehr, und wie er ihn an der Seite seiner Frau vorfand. Leitidee dieses Monologs ist die eines Mordes, die alle Menschen aneinander jeden Tag begehen. Er spricht wie das raunende schlechte Gewissen in Beckmanns Brust: »Du vergisst mich doch nicht, Beckmann, nicht wahr? Das musst du mir versprechen, dass du deinen Mord nicht vergisst!« (S. 83)

Figuren der inneren Handlung: »Symbolische Figuren«

Der Einbeinige zeigt, dass die scharfe Teilung in die beiden Figurengruppen ihre Grenzen hat: Erstens ist dessen Schicksal Teil von Beckmanns seelischer Qual, und zweitens ist er eine Spiegelbildfigur, bis hin zum Selbstmordversuch in der Elbe (S. 83).

Die **Elbe** taucht im Stück als allegorische Gestalt in dem Abschnitt auf, dem Borchert den Titel »Der Traum« gegeben hat. Sie bezeichnet sich selbst schonungslos als »[n]ach Öl und Fisch« (S. 12) stinkende alte Frau (S. 13). Die Elbe verwendet eine derbe Sprache (»Kanal voll hast«, »ich scheiß auf«, S. 13) mit deutlich dialektalen Färbungen (»Nee«, »so ins Wasser jumpen«, S. 13). Ihren Vorsprung an Lebenserfahrung lässt sie den Selbstmörder Beckmann deutlich spüren, indem sie ihn mittels verkleinernder Beinamen quasi »entmündigt«. Ihre robuste Autorität treibt Beckmann den Suizid geradezu aus. Dass *Draußen vor der Tür* auch als »Heimatstück« interpretiert werden kann, liegt in erster Linie an dieser Gestalt und der mit ihr

Die Elbe

assoziierten topographischen Bezeichnungen »St. Pauli [...] Landungsbrücken« (S. 11) sowie »Sand« von »Blankenese« (S. 14). Mit dem »Traum« ist die Rolle der Elbe ausgespielt – fast als einzige Figur (neben der Familie des Obersts) hat sie in der 5. Szene keinen weiteren Auftritt mehr.

Tod und Gott im Vorspiel

Im vorangehenden Vorspiel wird das dynamische Gegeneinander der Doppelgestalten **Tod** und **Gott** etabliert. Der Tod trägt hier noch die Maske des Beerdigungsunternehmers und kommentiert kühl den alltäglichen Kampf der Hamburger um ihr Überleben. Sein ekelerregendes Rülpsen begleitet er stets mit einem nervtötenden »Rums!« (S. 10). »[R]und und fett und gut gelaunt« entspricht er nicht dem überlieferten Bild vom Tod als Klappergestell. Nachvollziehbarerweise habe er sich an all den Toten des Jahrhunderts »[g]latt überfressen« (S. 10). Er dominiert rhetorisch und im Selbstwertgefühl den zunächst als »Alten Mann« eingeführten Gott, nimmt ihn im stolzen Gefühl eines Menschen, dessen Geschäfte gut laufen, nicht für voll (z. B. S. 11). Der über seine Wirkungslosigkeit auf Erden resignierte, deprimierte Gott spielt dessen Spiel mit (S. 10).

Tod und Gott in der 5. Szene

In Interaktion mit Beckmann treten die Doppelgestalten erst in der 5. Szene. Gott provoziert in seiner Weinerlichkeit und Hilflosigkeit Beckmann, der der Meinung ist, Gott habe sich zuallererst um die Menschen kümmern sollen, nicht umgekehrt. Gott geht am Ende seines Auftritts völlig die Aufmerksamkeit verloren; sein Versagen wird sprachlich durch ein

Versiegen der Worte repräsentiert: »Meine armen, armen – –« (S. 66). Der Tod, der seine Umgebung als Straßenfeger täuscht, imitiert durch sein »Kchch – Kchch« (S. 67) diesmal das Rasseln der Lungen eines Sterbenskranken. Sein Spiel der Identitäten umfasst jetzt auch den General aus Beckmanns Traum in der 3. Szene mit (S. 68). Weniger geschäftsmäßig als im Vorspiel, agiert er nach wie vor im Bewusstsein der Machtfülle: »Immer ist meine Tür offen. Immer. Überall.« (S. 68) Anders als Gott hat er Beckmann noch ein Angebot zu machen, das ihn interessieren muss, weil es ihn vom Leid zu erlösen verspricht. Den existenziellen Kampf zwischen den symbolischen Figuren Gott und Tod hat Letzterer kinderleicht für sich entschieden.

Der Andere ist eine symbolische Figur, die Beckmann auf seinem Weg durch die Stadt – auf der Suche nach seinem Selbst – begleitet. Entgegen einer Konvention der Borchert-Rezeption, die um die Interpretation dieser Gestalt ein Rätsel macht, kann ebenso gut behauptet werden, dass sie in ein Muster der »uneindeutigen Eindeutigkeit« passt. Denn der Andere, der »kein Gesicht« (S. 14) und »tausend Gesichter« (S. 15) hat, stellt sich bereits bei seinem ersten Auftreten ziemlich direkt als Personifizierung all jener Mitmenschen vor, denen Beckmann in seinem bisherigen Leben begegnet ist (S. 14). In der folgenden Selbstbeschreibung verschiebt sich der Fokus allerdings rasch auf seine Verkörperung eines Überlebensprinzips: »Der lacht, wenn du weinst. Der antreibt, wenn

Der Andere – Selbstbeschreibung

du müde wirst […] Ich bin der, der weitermarschiert, auch wenn gehumpelt wird. Und der Ja sagt, wenn du Nein sagst […]« (S. 15). In dieser Funktion gewinnt der Andere auch über den Einzelnen Beckmann hinausweisende »universelle Kraft«[1]: »Ich bin immer.« (S. 15)

Die »andere Seite« in Beckmanns Persönlichkeit

Zwei Aspekte – der Mitmensch und das Überlebensprinzip – fließen also in der Figur des Anderen zusammen. Die ausschließliche Bindung an die Gestalt Beckmanns – andere Figuren des Stückes scheinen ihn auch nicht wahrnehmen zu können – lässt ihn somit als die »andere Seite« in Beckmanns gebrochener Persönlichkeit interpretieren, die er in seinem kriegsversehrten Zustand nicht mehr oder noch nicht wieder auszufüllen vermag: Erstens ist da die Identität, die erst – frei nach dem Philosophen Martin Buber – in Relation zur Umwelt ausgebildet werden kann. Die Erinnerung Beckmanns an seine Mitmenschen, die seinen Weg kreuzten, kann dazu beitragen, ihn psychologisch zu stabilisieren. Zweitens ist da der Lebensmut, der Beckmann in seinen suizidalen Zuständen abhandenkommt, durch seine verbliebenen Kraftreserven aber auch immer wieder reaktiviert werden kann.

»Antworter« und »Jasager«

Zwei »Beinamen« des Anderen bringen diese beiden Funktionen seines Wesens noch einmal deutlich zum Ausdruck: Er ist »der Antworter« (S. 15), also der

1 Gordon J. A. Burgess, »Wirklichkeit, Allegorie und Traum in *Draußen vor der Tür*: Beckmanns Weg zur Menschlichkeit«, in: *Wolfgang Borchert. Werk und Wirkung*, hrsg. von Rudolf Wolff, Bonn 1984, S. 56–66, hier S. 62.

andere Mensch (in ihm), in dem sich Beckmann spiegelt (und wiederfindet). Und er ist »der Jasager«, also die Lebensbejahung, die den selbstzerstörerischen Trieben des Kriegsheimkehrers gelegentlich so etwas wie eine Hoffnung einzuflößen vermag. Am Ende – in der 5. Szene – tauchen beide Merkmale wieder auf (S. 78, 79, 80), speziell dann noch einmal in Beckmanns Schlussmonolog (S. 85), womit sie mehr als andere einen leitmotivischen Charakter und somit Bedeutung für das Stück gewinnen.

Die Beziehung Beckmanns zum Anderen verläuft im Laufe des Stückes konfliktreich. Zunächst – in der 1. Szene – öffnet sich Beckmann ihm gegenüber, indem er ausführlich von seiner misslungenen Rückkehr am Vortag erzählt. Deutlichere Ablehnung prägt die 2. Szene: Beckmann will ihn loswerden, besser gesagt sich von ihm nicht aufhalten lassen (S. 26). Doch der Andere ergreift erfolgreich die Initiative: Ähnlich wie Dickens' Geister der Weihnacht animiert er ihn, sich seiner Vergangenheit zu stellen: »Komm, Beckmann. Wir wollen die Straße weitergehen. Wir wollen einen Mann besuchen.« (S. 27) In der 3. und 4. Szene setzt sich diese Aufgabe des Anderen fort, indem er Beckmann nach Hause zu Mutter und Vater zurückzukehren antreibt.

Aufgabe des Anderen

Die Verzweiflung über die toten Eltern und die empathielose Frau Kramer verführt Beckmann sodann dazu, beleidigende Verwünschungen gegen seinen ständigen Begleiter auszustoßen (»Du blödsinniger Jasager!«, »Du bist ein Schwein!«, S. 57), doch die

Diskussion um das gute oder böse Wesen der Menschen bringt Beckmann, der sich vom Menschheitsoptimismus des Anderen abgrenzt, zumindest dazu, eine Position zu entwickeln, die er offensiv, aggressiv, emotional vertritt. Der Andere hingegen wiederholt seine Appelle des »Komm!« (weiter auf die Straße), »Lebe!« (dein noch lange nicht ausgelebtes Leben) und »Wach auf!« (aus deinem unsinnigen, dir feindlichen Traum) in vielerlei sich verschränkenden Variationen.

■ »Komm!« – »Lebe!« – »Wach auf!«

Das allmähliche Ver- oder Entschwinden des Anderen – »Du stehst ja plötzlich so weit ab.« (S. 78) – könnte für das Scheitern stehen, dafür, dass er Beckmann nicht auf den lebensbejahenden Pfad zurückgeführt hat. Doch auch die entgegengesetzte Interpretation wäre möglich, dass Beckmann es nun selbst in die Hand nehmen soll und kann, sich am Schopfe aus dem Sumpf herauszuziehen. An seiner Wegblendung oder seinem Verschwinden aus dem Leben Beckmanns ist seltsam, dass der Andere seiner Selbstbeschreibung vom Anfang – »Ich bin immer. Du wirst mich nicht los.« (S. 15) – widerspricht.

■ Wegblendung aus dem Leben Beckmanns

Kein Zweifel kann daran bestehen, dass Beckmann die Anwesenheit seines ständigen Begleiters in der Lebenskrise jetzt schmerzlich vermisst: »Wo bist du denn? Du bist ja plötzlich nicht mehr da! Wo bist du, Antworter, wo bist du, der mir den Tod nicht gönnte!« (S. 85)

■ Anrufung im Schlussmonolog

4. Form und literarische Technik

Als 18-Jähriger hatte Borchert zusammen mit einem Freund das humoristische Stück *Käse* geschrieben – und danach die Gattung »Drama« trotz seiner engen Verbindung mit dem Theatermilieu für lange Jahre aus den Augen verloren. Dass sich der Schriftsteller im Krankenbett zum Jahreswechsel 1946/47 einem Theaterstück widmete, trägt so den Charakter des Erwartbar-Unerwartbaren.

Das Drama bei Borchert

Vordergründig übernimmt Borchert einige Formprinzipien des klassischen Dramas, das normalerweise fünf Akte aufweist – bei Borchert sind es fünf Szenen. Doch anders als beim klassischen Fünfakter ist eine steigende Aktion bis zum Höhepunkt im 3. Akt und eine fallende Aktion bis zum Schluss nicht feststellbar. Die Handlung entwickelt sich auch nicht wirklich, sondern reiht sich in mehrere aufeinanderfolgende Bilder, die durch den Protagonisten Beckmann zusammengehalten werden.

Kein »klassisches« Drama

Borcherts Formvorbilder sind nicht klassisch, sondern modern. Besonders stark war der Schriftsteller vom Expressionismus beeinflusst, der seine Blütezeit von 1910 bis 1920 hatte. Über seine Lektüreerfahrungen schrieb Borchert: »Von den […] Anfängen bis zum modernen Expressionismus habe ich alles in mich hineingesogen, um es nicht mehr herzugeben.«[2] Wenn es ein Merkmal gibt, das den jungen Dichter über seine

Expressionismus

2 Zit. nach dem Vorwort der Herausgeber, in: Wolfgang Borchert, *Allein mit meinem Schatten und dem Mond. Briefe,*

persönlichen und literarischen Wandlungen hindurch begleitete, dann ist es diese Wahlverwandtschaft. In einem Jugendbrief erklärte er schon 1940: »Ich bin Expressionist – mehr noch in der inneren Anlage und Geburt als in der Form.«[3]

Stationendrama

Im Expressionismus war auch in Deutschland das Genre des »Stationendramas« beliebt geworden, das der schwedische Schriftsteller August Strindberg (1849–1912) entwickelt hatte. Im Stationendrama steht die Hauptfigur nicht nur im absoluten Fokus der Handlung, sondern erscheint auch abgegrenzt von allen anderen Figuren. Die aufeinanderfolgenden Stationen (als Handlungssequenzen) sind äußerliche Marken, die einen inneren Weg des Protagonisten repräsentieren. Strindberg versuchte mit dieser Technik die Struktur eines Traumes zu adaptieren.

Isolation der Hauptfigur

Im deutschen Expressionismus kam ein weiteres Element hinzu: das Thema des Außenseitertums, der Vereinzelung des Individuums, der Dissoziation (des Zerfalls) der Persönlichkeit angesichts der Anonymität der modernen Großstadt. Dass sich im Stationendrama die Hauptfigur von seinen Mitmenschen isoliert, bzw. sie ihn isolieren, machte diese dramatische Anlage also attraktiv. Während seiner Buchhändlerlehre in Hamburg soll Borchert in aufgebrochenen Kisten unter anderem die Werke Ernst Tollers

Gedichte und Dokumente, hrsg. von Gordon J. A. Burgess und Michael Töteberg, Reinbek b. Hamburg [2]2003, S. 11.

3 Brief an Ursula Litzmann, Juni 1940, in: Borchert (s. Anm. 2), S. 42.

aufgespürt haben,[4] eines zum Kommunisten gewandelten Expressionisten. Vielleicht las er dabei auch die Tragödie *Hinkemann* von 1923 über einen kriegsversehrten Heimkehrer aus dem Ersten Weltkrieg.

Die Einsamkeit Beckmanns, sein Ausgeschlossensein, die Marginalität aller anderen Figuren, die sich in einer anderen Sphäre zu bewegen scheinen, die traum- und todesartigen Sequenzen, der reihende Aufbau des Dramas, dessen Szenen dennoch durch die schlüssige Präsenz des Protagonisten zusammengehalten werden, all das macht *Draußen vor der Tür* zu einem geradezu mustergültigen Stationendrama und unterstreicht, dass Borchert in der Nachfolge des literarischen Expressionismus steht.

■ *Draußen vor der Tür* als Stationendrama

Dennoch ist es offensichtlich, dass zu Beginn von Borcherts kurzer schriftstellerischer Laufbahn ein weiteres Element hinzugetreten sein muss, das seine literarische Technik beeinflusst hatte. Auffällig ist ja sowieso die recht ausschließliche Hinwendung zur Kurzprosa, nachdem der jugendliche Borchert noch hauptsächlich Gedichte geschrieben hatte. 1946 hatte er bereits die erste Bekanntschaft mit den Short Stories amerikanischer Autoren wie Ernest Hemingway und Thomas Wolfe gemacht. Borchert sprach selbst davon, dass er »stories gebaut« habe.[5] Die germanisti-

■ Einfluss amerikanischer Short Stories

4 Vgl. Katrein Brandes, *Hans Werner Richter – Wolfgang Borchert. Zwei Schriftsteller im 2. Weltkrieg. Ihre Kriegseinsätze und die Umsetzung in Literatur*, Diss. Univ. Paderborn 2018, S. 59.

5 Brief vom 1. 5. 1946 an W. Lüning, in: Borchert (s. Anm. 2), S. 175.

sche Forschung hat eine Übernahme einzelner Charakteristika des Stils wie auch der Erzählform nachgewiesen.[6] Das Understatement, das Lückenlassen, die Elemente sprachlicher Kargheit und Kürze könnten aus dieser Erzähltradition stammen.

Draußen vor der Tür firmiert als Theaterstück und war auch ursprünglich als solches (und nicht als Hörspiel) konzipiert. Allerdings fiel schon Zeitgenossen auf, wie undramatisch nicht nur die Struktur, sondern auch die Sprache und die Dramaturgie des Stückes waren. Borchert hatte viele seiner nüchternen Ausdrucksweisen und erbarmungswürdigen Situationen misslingender Kommunikation, die er im Jahr zuvor für die epischen Kurzformen entwickelt hatte, kurzerhand auf ein nur in Ansätzen reflektiertes Bühnenarrangement übertragen. Resultat war eine gattungsunspezifische Mischform, zumal sich in der Rhythmisierung der Sprache, in der Betonung von Einzelworten und in den rhetorischen Stilfiguren zusätzlich der Einfluss lyrischer Formen nachweisen lässt.

Prosabezüge und Gattungsmischung

Diese Vermischung der gattungsspezifischen Sprechtechniken wurde Borchert von den wohlmeinenderen Interpreten als ein Vorzug ausgelegt. Borchert habe sich eben seine eigene Sprache geschaffen, sie für sich

6 Kerstin Möller Osmani, *In einem andern Land: Ernest Hemingway und die »junge Generation«. Möglichkeiten und Grenzen der Rezeption eines amerikanischen Autors in der frühen westdeutschen Nachkriegsliteratur*, Würzburg 1996, S. 196.

gewählt und nach Bedarf neugebildet,[7] an der vorgefundenen Sprache ein Ungenügen empfunden und ihren Defekt offengelegt.[8] Demnach fände sich Borcherts Gestus des Getäuschten und Verratenen in seinem Misstrauen gegenüber überkommenen sprachlichen Gewohnheiten und Wahrheiten wieder. »Sprachnot« und »Sprachzweifel« führten zunächst einmal in ungeschliffene sprachliche Experimentierfelder, in »eine einfache, grobe, eindeutige und hemmungslose Sprache«.[9] Erst nach diesem Befreiungsakt könne der Dichter darangehen, eine neue Sprache aufzubauen, die eine neue Wahrheit zu enthüllen vermöge.

■ »Sprachnot« und »Sprachzweifel«

Wie sehr Borchert die Krisenerfahrung seiner jungen Generation als sprachliche Herausforderung begriff, davon legt sein Essay »Das ist unser Manifest« von 1947 deutliches Zeugnis ab. In der Bewusstseinslage des Kriegsverlierers bekundet Borchert seine Liebe zu Deutschland. Doch es herrsche ein tiefer Zwiespalt in ihm und den Gleichaltrigen: »Der erregte hektische Jazz« trete nun neben »das alte sentimentale Soldatengegröhl«.[10] Die Frage, wer »für uns« nun »ei-

■ Das ästhetische Manifest Borcherts

7 Vgl. Kåre Eirek Gullvåg, *Der Mann aus den Trümmern. Wolfgang Borchert und seine Dichtung*, Aachen 1997, S. 101.

8 Horst Ohde, »›… denn das Letzte, das Letzte geben die Worte nicht her.‹ Textkonnotate der Sprachnot im Werk Wolfgang Borcherts«, in: *»Pack das Leben bei den Haaren«. Wolfgang Borchert in neuer Sicht*, hrsg. von Gordon J. A. Burgess, Hamburg 1996, S. 126–139, hier S. 127.

9 Ohde (s. Anm. 8), S. 141.

10 Wolfgang Borchert, »Das ist unser Manifest«, in: W. B., *Das Gesamtwerk*, hrsg. von Michael Töteberg, Reinbek b. Hamburg 2007, S. 517–524, hier S. 518.

ne neue Harmonielehre« schreiben könne, beantwortet er abschlägig: »Wir selbst sind zu viel Dissonanz«, und: »Unser Leben ist laut. Wir brauchen keine Dichter mit guter Grammatik. Zu guter Grammatik fehlt uns Geduld. Wir brauchen die mit dem heiser geschluchzten Gefühl. Die zu Baum Baum und zu Weib Weib sagen und ja sagen und nein sagen: laut und deutlich und dreifach und ohne Konjunktiv.«[11]

Abb. 5: Deutsche Soldaten bei Cholm, Russland Januar 1942 – © Bundesarchiv, Bild 101I-004-3635-22A / Muck, Richard

11 Borchert (s. Anm. 10), S. 519.

5. Quellen und Kontexte

Schon früh wurde festgestellt, Wolfgang Borcherts Werke seien mehr als bei anderen Dichtern ein Produkt seiner Zeit. Gerd Schulz schrieb gar, Borchert könne »von keiner der nachfolgenden Geschlechter je begriffen […], überhaupt jemals verstanden werden«.[12] Solche Stilisierungen befeuerten zwar auch den anschließenden »Borchert-Mythos« (vgl. »Rezeption«), beinhalten aber gleichwohl einen wahren Kern: Der Kriegs- und Heimkehrerkontext durchtränkt Borcherts Schreiben derart fundamental, dass Kenntnisse darüber unabdingbar sind, um es zu verstehen.

Kontextabhängigkeit: Krieg und Heimkehr

Bei der Machtübernahme der Nationalsozialisten war Borchert elf Jahre alt. Der NS-Bewegung standen sowohl die Eltern als auch der Heranwachsende reserviert gegenüber. Als die deutschen Truppen am 1. September 1939 Polen überfielen, war Borchert Buchhändlerlehrling mit Schauspielerambitionen und allerlei jugendlichen Flausen im Kopf. Mit der Einberufung zur Armee und den ersten Fronterfahrungen im Herbst und Winter 1941 begann Borchert eine neue Weltsicht auszuformen, die aber erst mit Beginn des Jahres 1946 literarisch produktiv werden sollte.

Überfall auf Polen

Die erste Phase des Krieges, die im Zeichen der »Blitzkriege« und des schnellen Vormarsches in ganz Europa gestanden hatte, war mit dem Einmarsch Hit-

12 Gerd Schulz in der *Welt*, zit. nach Gullvåg (s. Anm. 7), S. 10.

Krieg gegen die Sowjetunion

lerdeutschlands in die Sowjetunion am 22. Juni 1941 zu Ende gegangen. Ein »Generalplan Ost« sah die millionenfache Aus- und Umsiedlung der slawischen Bevölkerung sowie eine stufenweise »Germanisierung« vor. Bis zum Sommer wurde die sowjetische Rote Armee, die unter dem Befehl Josef Stalins stand, erfolgreich zurückgedrängt, aber schon im Oktober 1941 war die Angriffskraft des deutschen Ostheeres fast erschöpft, die Stimmung in der Truppe schlecht. Die Sowjetarmee hatte noch Reserven und war wesentlich leistungsfähiger und besser ausgerüstet als angenommen.

Eigene Kriegserlebnisse …

Es ist im Einzelnen schwer, Borchert bestimmte Kriegserlebnisse zuzuordnen.[13] Er selbst war nicht freigiebig in Berichten von autobiografischen Kriegserinnerungen. Ausgebildet worden war er zum Panzergrenadier und Funker, doch wird er den Dienst bei seinem ersten Kriegseinsatz bei Witebsk, Smolensk und Wjasma wohl auch mit einer Handfeuerwaffe bestritten haben. Am 23. Februar 1942 endete sein erster Fronteinsatz (Umstände vgl. »Autor und Zeit«). Als Angehöriger eines Straf- und Bewährungsbataillons kam er erst für den November/Dezember 1942 erneut an die Front. Vermutlich durfte er hier keine Waffe mehr tragen, sondern führte in Späh- und Stoßtruppunternehmen nur noch Leuchtpistolen mit sich. Die Art der Aufträge, die Borchert zu erfüllen hatte, könnte durchaus Überschneidungen zu Beck-

13 Vgl. dazu und zum Folgenden Brandes (s. Anm. 4), S. 58 ff.

manns Walderkundungsmission östlich von Gorodok aufgewiesen haben.

In Briefen äußerte sich Borchert für seinen Dienst an der Nordfront der 9. Armee über die »grauenhaften Wälder«[14], die »Hölle«[15] der Front und Momente »tierischer Angst«[16]. Seine Eindrücke vom Krieg sind von einem nur schemenhaft wahrnehmbaren, geisterhaft ungreifbaren Gegner geprägt, womit auf die Partisanenkämpfe angespielt wird, sowie von der schneeweißen, menschenfeindlichen Landschaft. In seinen später verfassten Kriegsgeschichten scheinen sich die Soldaten darin wie Marionetten zu bewegen, nicht mehr Herren ihrer selbst. Der nihilistische Grundton seiner Erzählungen – und des Dramas *Draußen vor der Tür* – speist sich zum großen Teil aus den Erfahrungen der Kriegseinsätze, von denen er selbst oft nicht wusste, wo diese stattfanden.

... und ihre literarische Verarbeitung

In der Zwischenzeit hatte das Deutsche Reich den Krieg so gut wie verloren. Durch den Kriegseintritt der USA (Dezember 1941) kam es erneut zu Kämpfen im Westen, wodurch die Ostfront geschwächt wurde. Bis September 1942 waren die Verluste des deutschen Ostheeres auf 1,64 Mio. Mann gestiegen. Es fehlte an Nachschub und Verpflegung, an Brennmaterial und wintertauglicher Ausrüstung (Fußerfrierungen Bor-

14 Brief vom 20. 3. 1943 an H. Sieker, zit. nach Brandes (s. Anm. 4), S. 73.
15 Brief an die Eltern 1943, zit. nach Brandes (s. Anm. 4), S. 104.
16 Brief vom 29. 3. 1943 an C. Dammann, zit. nach Brandes (s. Anm. 4), S. 104.

Stalingrad – Die deutsche Niederlage zeichnet sich ab

cherts). Die in Stalingrad eingeschlossenen Reste der 6. Armee mussten, als sich Borchert gerade mit Fleckfieber und Gelbsucht im Seuchenlazarett Smolensk befand, am 2. Februar 1943 kapitulieren – was von der nationalsozialistischen Propaganda für die Proklamation des »totalen Krieges« in Joseph Goebbels' Sportpalastrede genutzt wurde.

Für den kranken Borchert war der Krieg an der Front im Osten allerdings zu Ende. Er wurde als werdender Schriftsteller nun geprägt durch einen Heimaturlaub im durch den Feuersturm zerstörten Hamburg (Sommer 1943), durch gewisse Ruhephasen, in denen er die »Revision der Leitbilder«[17] vollendet haben muss, sowie vor allem durch den (zweiten) Gefängnisaufenthalt in Berlin-Moabit im Jahr 1944, über den der Autor nach dem Krieg schrieb: »Wenn ich nicht ins Gefängnis gekommen wäre, hätte ich keine ›Hundeblume‹ geschrieben, wenn ich nicht krank geworden wäre, hätte ich überhaupt kein Wort geschrieben.«[18] Der Ton der Einsamkeit und Verlorenheit in Borcherts Schreiben darf auch als Ergebnis seiner Haftumstände verstanden werden.

Gefängnis und Krankheit als Schreibmotivation

In den Kontexten von Krieg und Haft wurde Borchert also zum Schriftsteller. Von seiner jugendlichen Begeisterung für die Expressionisten blieb zwar man-

17 Vgl. zum Begriff und zu dieser Zeit Peter Rühmkorf, *Wolfgang Borchert. Mit Selbstzeugnissen und Bilddokumenten dargestellt*, Reinbek b. Hamburg [8]2002, S. 100 ff.

18 Brief vom 1. 5. 1946 an Aline Bußmann, in: Borchert (s. Anm. 2), S. 174.

ches in Sprache und Pathos erhalten. Doch, wie er in einem Brief vom 27. Mai 1946 mitteilte, wolle er sich im Stil nun an sein »eigenes Erleben [...] halten«.[19] Dies führt uns zu den Quellen seines Schreibens, die Peter Rühmkorf folgendermaßen kennzeichnete: »Borcherts Geschichten sind nahezu sämtlich auf einen Tatsachenkern zu reduzieren, überraschend viele Einzelheiten sind bei genauerem Betracht Erfahrungssplitter und Erlebnisquanten«[20], Dichtung sei bei ihm »zu einem Akt schöpferischen Zusammenziehens und Umkombinierens von Erlebnismaterial«[21] geworden.

Künstlerische Verfahrensweise

Solche vorgebildeten Motive aus dem Leben und frühen Schaffen Borcherts kann man auch für *Draußen vor der Tür* aufspüren: Im Nachbarhaus der Borcherts lebte tatsächlich eine Frau Kramer. Wenn Beckmann glaubt »zu fallen« oder »verrückt« zu werden, ist dies in frühen Briefstellen Borcherts angelegt: »Ich bin verrückt« – »Ich muss steigen, um zu fallen«.[22] In einem Brief von 1943 beschreibt Borchert seine eigene Magerkeit durch eine um den Körper schlackernde Jacke, die Jahre später offenbar zur Jacke des Einbeinigen Bauer wurde.[23] Waren bestimmte Motive erst einmal im Repertoire verankert, konnte sie Borchert,

»Umkombinieren von Erlebnismaterial« im Drama

19 Brief vom 27. 5. 1946 an W. Lüning, in: Borchert (s. Anm. 2), S. 177.
20 Rühmkorf (s. Anm. 17), S. 22.
21 Rühmkorf (s. Anm. 17), S. 22.
22 Rühmkorf (s. Anm. 17), S. 46.
23 Rühmkorf (s. Anm. 17), S. 86.

durch neue Momente ausgelöst, immer aktualisieren. So unterscheiden sich die Erfahrung des Nichts und die Antwortlosigkeit in seinem ersten Prosaversuch *Die Blume* von 1941 substanziell kaum von den fünf Jahre später gestellten Beckmann-Fragen.[24] Die Funktion der Gefängnistür in der *Hundeblume* weist eine große Ähnlichkeit zum Motiv der »Tür« im späteren Hauptwerk auf, usw.

Kapitulation Mai 1945

Borcherts Rückkehr nach Hamburg im Mai 1945 fand unter gänzlich geänderten politischen Vorzeichen statt. Seit Ende 1944 waren die alliierten Truppen in das Gebiet des Deutschen Reiches vorgedrungen, am 30. April 1945 hatte sich Adolf Hitler das Leben genommen, am 7. Mai war die Kapitulation des deutschen Heeres unterzeichnet worden. Hamburg war der britischen Besatzungszone zugeschlagen worden – eine deutsche Zentralgewalt, mit der die alliierten Siegermächte hätten verhandeln können, gab es nicht mehr. »1945«, so der Historiker Hartmut Kaelble, war »ein Tiefpunkt der europäischen Geschichte«[25]. Der Kontinent war erschöpft, die Wunden, die der Krieg geschlagen hatte, wurden nur umso offensichtlicher, als jetzt Frieden herrschte.

Durchaus nicht nur Soldaten der aufgelösten Hit-

24 Vgl. Rühmkorf (s. Anm. 17), S. 68.

25 Hartmut Kaelble, *Kalter Krieg und Wohlfahrtsstaat. Europa 1945–1989*, München 2011, zit. nach: *Handbuch Nachkriegskultur. Literatur, Sachbuch und Film in Deutschland (1945–1962)*, hrsg. von Elena Agazzi und Erhard Schütz, Berlin/Boston 2013, S. 12 f.

ler-Armee gehörten zu den »unentwegt sich kreuzenden Menschenströmen in den Wochen des Übergangs aus dem Krieg und der unmittelbaren Nachkriegszeit«.[26] Zwangsarbeiter und Überlebende der Konzentrationslager – sogenannte »Displaced Persons« –, alliierte Besatzungssoldaten, Flüchtlinge aus dem Osten Deutschlands, Exilanten, auch aus den Bombenwüsten der Städte evakuierte und nun langsam wieder zurückkehrende Einheimische komplettieren erst das Bild dieser gigantischen Zwangsmobilisierung.

■ Zwangsmobilisierung 1945

In diesem Kontext begann Borchert erst einmal – Kabarett zu spielen. Immer noch war die Entscheidung nicht zugunsten des Schriftstellers gefallen. Erst als er zu Beginn des Jahres 1946 krankheitsbedingt kaum noch das Bett verlassen, geschweige denn eine Bühne betreten konnte, begann er seine unermüdliche Produktion: 1946 entstanden ungefähr 29, 1947 gut 20 weitere Kurzprosa-Texte, Kriegsgeschichten, Gefängnisgeschichten, sowie das, was man später »Trümmerliteratur« nennen sollte.

■ Initialzündung der literarischen Produktion

Ein ziviles Leben hielt auch in Hamburg wie überall in Deutschland unter dem Schirm der Besatzungsmacht Einzug: eine Theaterszene, der Buchhandel, das Pressewesen befanden sich im Aufbau. Im Kino feierte schon vor Borcherts Theaterstück das Genre der »Trümmerfilme« einige Publikumserfolge. Eine besondere Rolle spielte der Rundfunk und dort in ers-

26 Erhard Schütz, »Einleitung zu ›Gefangenschaft und Heimkehr‹«, in: Agazzi/Schütz (Hrsg.) (s. Anm. 25), S. 197–209, hier S. 197.

Frühe »Trümmerkultur« – Hörspiele

ter Linie das Hörspiel. Es war Arbeitsfeld und Einkommensquelle für die Autoren vor allem der jungen Generation. Als der Berliner Rundfunk 1946 ein Hörspielpreisausschreiben veranstaltete, gingen über 1200 Manuskripte ein – viele davon bearbeiteten »das Los des Heimkehrers, von den verschiedensten Seiten gesehen und geschildert«.[27] Borchert war in Deutschland also absolut kein Einzelfall.

Historischer Kontext Winter 1946/47

Wolfgang Borchert schrieb *Draußen vor der Tür* innerhalb einer guten Woche irgendwann in den Monaten des Jahreswechsels 1946/47. Es war der »Hungerwinter«, der in ganz Europa die Temperaturen monatelang unter minus 20 Grad trieb – Borchert wird beim Schreiben des Stücks nicht unerheblich gefroren haben. Das Drama war erkennbar »von Borcherts Wahrnehmung der deutschen Nachkriegsgesellschaft inspiriert«.[28] Heimatlosigkeit und Armut, Schuldabwehr und Verdrängung waren Themen am Puls der Zeit. Borchert wollte zuerst, dass das Stück »Ein Mann kommt nach Deutschland« heißt, was diesen Aspekt noch nuanciert hätte.[29]

27 L. K., »1200 Hörspiele. Zum Preisausschreiben des Berliner Rundfunks«, in: *Der Rundfunk* 2 (1947) H. 21, S. 8, zit. nach Hans-Ulrich Wagner, »›Ein Mann kommt nach Deutschland‹: *Draußen vor der Tür* im Kontext der Heimkehrer-Hörspiele der unmittelbaren Nachkriegszeit«, in: Burgess (Hrsg.) (s. Anm. 8), S. 36–53, hier S. 37.

28 Raul Calzoni, »Wolfgang Borchert: *Draußen vor der Tür. Ein Stück, das kein Theater spielen und kein Publikum sehen will*«, in: Agazzi/Schütz (Hrsg.) (s. Anm. 25), S. 210–213, hier S. 210.

29 Seinen endgültigen Titel *Draußen vor der Tür* verdankt das

Abb. 6: Hamburg Hammerbrook, Wohnungsnot im Katastrophenwinter 1947 – © Deutsche Fotothek / GERMIN

Borchert hatte mit Bernhard Meyer-Marwitz einen Verleger und mit dem Erzählungsband *Die Hundeblume* im Frühjahr 1947 beim Publikum ersten Anklang gefunden. Die Stellung von *Draußen vor der Tür* zwischen Hörspiel und Theater wird aus Meyer-Marwitz' Erinnerungen deutlich: »Unser Ziel war die Bühne. Da kam die große Überraschung: Der Hamburger Sender nahm ›Draußen vor der Tür‹ als Hörspiel an. Das hatten wir am wenigsten erwartet.«[30] Die Erstsendung erregte einiges Aufsehen (vgl. »Rezeption«). Doch als am 21. November 1947 die Theaterpremiere stattfand, hatte sich die Welt bereits weitergedreht:

Zwischen Rundfunk und Bühne

Stück Ernst Schnabel, dem Dramaturgen und Regisseur beim Hörspiel des Nordwestdeutschen Rundfunks.

30 Zit. nach Burgess (s. Anm. 1), S. 59.

Es wurde über einen möglichen Dritten Weltkrieg zwischen den mittlerweile verfeindeten Siegermächten USA und Sowjetunion diskutiert. Das Los des Kriegsheimkehrers Beckmann erschien demgegenüber einem Kommentator bereits »etwas unzeitgemäß«[31].

31 Hans Mayer, *Zur deutschen Literatur der Zeit*, Reinbek 1967, zit. nach Claus B. Schröder, »Mit dem nüchternen Blick auf Leidenschaften. Dieser Name mit seinem eigenartigen Klang«, in: Wolff (Hrsg.) (s. Anm. 1), S. 67–83, hier S. 83.

6. Interpretationsansätze

Identität und Sprache

»Ein Mann kommt nach Deutschland« (S. 7) – So lautet der erste Satz in Wolfgang Borcherts Drama *Draußen vor der Tür*. Zunächst eben noch nicht: »Er kehrt zurück«, sondern so, als würde er dieses Land gerade zum ersten Mal betreten. Beckmann ist ein »Kriegsheimkehrer«, aber sogleich macht uns der Erzähler deutlich, dass mit dieser »Heimkehr« etwas nicht stimmt. Denn da ist kein »Heim«, das für Vertrautheit, Geborgenheit und Familie stehen könnte. Der Zurückgekehrte prallt zurück an den Wänden von Verständnislosigkeit und Verdrängung.

Eine (Nicht-) Heimkehr

Der Journalist Harald Jähner hat 2019 in seinem Buch *Wolfszeit* das Wesen der kriegstraumatisierten Männer beschrieben, die gerade noch Frontsoldaten waren, von der Nazi-Propaganda als Helden gefeiert, und nun in großer Zahl zurück nach Deutschland fluteten, ausgemergelt und verwahrlost vor den Wohnungen ihrer Angehörigen aufkreuzten.[32] Beckmann wird als ein solcher Typus eingeführt, als eine Vogelscheuche (S. 7), vor der sich auch die Menschen erschrecken. Im ersten Friedenswinter 1945/46 ist sich jeder, der in der Stadt Hamburg sein karges Dasein fristet, selbst der Nächste. Wolfgang Borchert war selbst in dieser Situation gewesen, als er im Mai 1945,

Kriegstraumata

32 Harald Jähner, *Wolfszeit. Deutschland und die Deutschen 1945–1955*, Berlin 2019, S. 149 ff.

zwei Tage nach Kriegsende, aus französischer Kriegsgefangenschaft kommend seine Heimatstadt Hamburg wiedersah.

Zwischenexistenzen

Wie kann solch ein Zustand zwischen Ankommen und Nicht-Ankommen (»die nach Hause kommen und die dann doch nicht nach Hause kommen«, S. 7) angemessen dramatisiert werden? Borchert besetzt gemäß der Einsicht in diese Zwischenexistenz eines »heim«kehrenden Soldaten die mentalen Zwischenfelder, zwischen Leben und Tod, auch zwischen Überlebenswillen und Todessehnsucht, zwischen Vergangenheit und Zukunft, zwischen Traum und Realität, zwischen intakter Identität und Zersetzung der Persönlichkeit. Und er setzt seinen Beckmann in einen topographischen Kontext, lässt ihn zwischen den Haustüren seiner Heimatstadt herumziehen, auf den elenden Straßen des Ruinenorts Hamburg.

Kraft der Sprache – Figurative Kontraste

Wegen des Mangels an sinnlichen Wahrnehmungselementen eines Theaters, das sich nach dem Krieg weitgehend requisiten-, kostüm- und bühnenbildlos neu erfinden musste, setzte der Autor vorrangig auf die hypnotische Kraft der Sprache und der einfachen figurativen Kontraste. Sie machen einen großen Teil des ästhetischen Genusses des Stücks *Draußen vor der Tür* aus, und auch für das interpretative Verstehen des Textes ist es sinnvoll, sich dem Gehalt des Stückes über die Kombinatorik der Worte, die Verschränkungen der Motive sowie die Oppositionen der Personen zu nähern.

Beckmann ist geprägt von einem Mangel in den

Grundbedürfnissen: Er leidet unter Kälte, Hunger und Schlaflosigkeit. Die Motive von Kälte und Hunger werden bereits in der kurzen Vorrede behutsam eingeführt, in einer attributiven Reihung »mit leerem Magen und kalten Füßen« (S. 7). Das Mangel-Motiv wird danach durch die Kombination mit anderen Motivkomplexen frei assoziiert und dadurch verstärkt und aufgewertet: »Vor Hunger geträumt.« (S. 17; wiederholt und in zusätzlicher Eindringlichkeit S. 17, Z. 19 f.) Zu Beginn der 3. Szene tritt dann die Schlaflosigkeit bzw. Müdigkeit gleichberechtigt hinzu und prägt die Szene mit dem Oberst und der Traumerzählung fast vollständig. Wir erfahren in der Folge zunehmend das »Wesen« Beckmann als geradezu zusammengesetzt aus Kälte, Hunger und Schlaflosigkeit: »Man steht da, spinnt, friert, hungert und ist verdammt müde.« (S. 62)

Kälte, Hunger, Schlafmangel

Den Soldaten Beckmann muss im Krieg noch ein durch die Nazi-Propaganda vermitteltes positives Selbstbild ausgezeichnet haben: Stärke, Mut, Disziplin, Einsatzbereitschaft, ein Bewusstsein der »rassischen« Überlegenheit gegenüber dem slawischen »Untermenschen«. Demgegenüber muss ein kriegsheimkehrender Kämpfer des Zweiten Weltkrieges sein gesamtes neues Dasein als Kränkung erfahren haben. Männer, wie es Harald Jähner in seinem Buch *Wolfszeit* schildert, wurden ihrer Privilegien beraubt, »entzaubert«[33]. Ausgerechnet der zufriedene, in seiner

33 Jähner (s. Anm. 32), S. 152.

Familie geborgene Oberst kanzelt Beckmann rundweg als unmännlich ab (S. 28), als »ein bisschen weich« (S. 31). Gerade der invalide Kriegsheimkehrer war ein Mann, dem seine Nutz- und Wertlosigkeit schonungslos vor Augen geführt wurde.

Wertlosigkeit des Invaliden

Mit Beckmann setzt ein Prozess der Verdinglichung ein. Er wird weniger von seiner Umwelt zum Objekt degradiert, als dass er das aus gebrochenem Selbstwertgefühl selbst tut. Seine Frau sagt »Beckmann« zu ihm, doch er macht daraus: »So wie der Tisch Tisch heißt.« (S. 15) – »Möbelstück Beckmann« (S. 16). An anderer Stelle sieht er sich selbst als »Haufen« (S. 18), später als »einen faulen Bissen« (S. 60). In diesem Persönlichkeitszerfall zu einem Gegenstand oder zu etwas, das »wegkann«, vernimmt man deutlich den fernen Widerhall des literarischen Expressionismus, der den modernen Menschen der Großstadt als Spielball dämonischer Mächte darstellte.

Persönlichkeitszerfall

Die Dissoziation der Persönlichkeit Beckmanns, also ihr Zerfall, vollzieht auf der Ebene der psychologischen Figurenzeichnung die Orientierungslosigkeit des (nicht) ankommenden Kriegsheimkehrers nach. Ein »blechernes Robotergesicht« (S. 20), für den Frieden »provisorisch repariert« (S. 22), also ein auf einige mechanische Grundfunktionen reduziertes Sein, nicht besser als das durchscheinende, in einer anderen Sphäre angesiedelte, von anderen kaum wahrnehmbare »Gespenst«, das ungreifbar, schemenhaft durch die Straßen zieht.

Reduziertes Dasein: Roboter und Gespenst

Auch bei diesen Epitheta, also Beinamen, gilt im

Stück das Prinzip der sprachlichen Kombinatorik und manchmal irritierenden motivischen Verschränkung. Das kann beispielsweise an dem Beinamen »Fisch« gezeigt werden, mit dem das Mädchen Beckmann von S. 18 an belegt. Zunächst steht nur ihre Eingebung, der am Strand von Blankenese angespülte Beckmann werde »langsam zum Fisch« (S. 18). Über »halber Fisch« und »stummer nasser Fisch« (S. 19), von wo aus das sprachliche Netz zurück zur Kälte gespannt wird (S. 19), verbeißt sie sich, mit Beckmann in ihrer Wohnung angekommen, immer weiter in diese Idee. Ein »behelfsmäßiger Fisch« (S. 22) zieht die Bildlichkeit in den Bedeutungsbereich des Roboters, bevor sie den Beinamen »Fisch« ab S. 23 in mantraartiger Beharrlichkeit wiederverwendet, nur an zwei Stellen abgewechselt durch den Vorstellungskomplex des Gespenstes (S. 23 f.), zum Abschluss (»Du graues repariertes Gespenst.«) wiederum kombiniert mit der Roboter-Idee. Die mangelnde Stimmigkeit der aufgerufenen Bilder bekräftigt den Identitätsverlust des so Bezeichneten.

Inszenierung der Beinamen

Eine ähnliche sprachliche Technik durchzieht Beckmanns Begegnung mit der Elbe (S. 11–14). Auch hier wird Beckmann, diesmal in Verkleinerungsformen, seine Wertlosigkeit und Unterlegenheit vor Augen geführt: Küken, Kind, Sohn, Grünschnabel, Stift, Anfänger, Rotznase, Kleiner, Goldjunge, Menschensohn, Säugling, Lausebengel. Das alte Weib, die personifizierte Elbe, lässt nichts aus, um den gescheiterten Selbstmörder zu demütigen; nebenbei klingen die

Epitheta der Verkleinerung

Epitheta hier besonders gewaltsam zurechtgebogen, als wären die Synonyme ein weiterer Beweis für die Persönlichkeitsspaltung. Und zwischendrin: Der hierher gar nicht passen wollende »Greis« (S. 12) – Beckmann scheint alles und nichts sein zu sollen, komplett zerfallen und absolut austauschbar. Der Verlust seines Vornamens tut ein Übriges.

Der Versehrtheit, dem »Geflicktsein« Beckmanns entspricht also die Bruchstückhaftigkeit und Kombinatorik der Sprache und der Motive. Sie werden expressiv ausgestoßen, sind häufig »als Teile eines Schreies zu betrachten«,[34] wobei sie eine ganz eigenartige Rhythmik entfalten. Sprachliche Bausteine werden wiederholt, verdoppelt, hin und her verschoben, tauchen manchmal ganz unvermittelt als Rückverweis auf und werden in einem ganz anderen Zusammenhang wieder aufgegriffen. Die Kreisförmigkeit der Gedanken Beckmanns findet hierin ihren sprachlichen Ausdruck.

■ Sprachliche Verweisstrukturen

Peter Rühmkorf, Borcherts Biograf des Jahres 1961, verwendete für Borcherts Sprachstil die Begriffe »Stakkato-Technik« und »Rasterstil«, die sich aber nicht durchsetzten.[35] Stakkato-Technik: Das meint die hintereinander in rascher Folge wie abgefeuert klingenden, häufig unvollständigen Kurz- und Kürzestsätze. Je aufgeregter Beckmann, desto mehr überschlagen und überholen sich seine Worte (z. B. S. 81) Der Rasterstil ist komplementär zur Stakkato-Technik zu sehen. Legte man ein Raster über eine Textpassage

■ »Stakkato-Technik« und »Rasterstil«

34 Gullvåg (s. Anm. 7), S. 67.
35 Rühmkorf (s. Anm. 17), S. 120.

aus *Draußen vor der Tür*, würde man darin einen Bestand an Wortbausteinen und Satzbruchstücken erkennen, die sich verdoppeln, wiederholen und assoziativ neu zusammenfügen.

Beispielhaft lassen sich diese und einige weitere sprachliche Besonderheiten an der Textstelle S. 60, Z. 8–17, demonstrieren. Beckmann befindet sich im Diskurs mit dem Anderen über die Schlechtigkeit der Welt. Das eingestreute »Hör nicht hin« (Z. 8, Z. 10) stellt die Verbindung zur vorangehenden Rede des Anderen her, eine Art Leitmotiv, das häufig wie auch hier längere Textpassagen strukturiert. »Millionen Tote, Halbtote, Verschollene« (Z. 9) sind eine Antiklimax, die wie auch die Klimax häufig im Stück Verwendung findet. Auch die Aneinanderreihung (hoher) Zahlenwerte taucht übrigens des Öfteren auf, wohl um die Unausdrückbarkeit der Schrecknisse des Krieges zu betonen.

Rhetorische Figuren I

Bei »humpeln, heulen und hungern« (Z. 12 f.) haben wir es mit einer der häufigen Alliterationen, also einer Wiederholung des gleichen Anfangsbuchstabens, zu tun; solche rhetorischen Figuren, die man eher in einem Gedicht vermuten würde, verstärken die Rhythmisierung der Sprache. Ebenso handelt es sich bei »arm, kalt und müde« (Z. 13 f.) um eine reihende Aufzählung, die zuvor entfaltete Motive (s. o.) wiederaufnimmt und variiert. Häufig findet sich auch die Wiederholung ein- und desselben (bedeutungsvollen) Wortes auf recht engem Raum, grammatikalisch und syntaktisch verschieden kombiniert: »Ich soll leben,

Rhetorische Figuren II

sagst du! Leben, du! Dieses Leben leben?« (Z. 15 f.). Auf der anderen Seite des sprachlichen Spektrums ist die Fülle von Wortneubildungen (Neologismen) erwähnenswert, die gerade angesichts des sonst doch recht kleinen Bestands an Kernwörtern besonders auffallen: »Menschenmutt« (S. 16), »limonadenfleckig« (S. 34), »tintenblütiger« (S. 65), »Generalstraßenfeger« (S. 67), »Wasserleichenaspiranten« (S. 71). Auch hier fällt wieder formal etwas auseinander – so wie auf der Inhaltsebene Beckmanns Persönlichkeit.

Opposition und Raumgestaltung

■ Existenzialistische »Geworfenheit«

In den Konzepten der existenzialistischen Philosophie gibt es den Begriff der »Geworfenheit«, den man sehr gut auf die Lage Beckmanns anwenden kann. Er ist »verurteilt zu leben«, in seinem Handeln von den Urerfahrungen von Angst, Einsamkeit und Tod bestimmt. Wie der Kriegsheimkehrer nach seinem Suizidversuch wieder am Strand der Elbe bei Blankenese angespült wird, das hat durchaus etwas von einer Geburt, nach der man sich ohne Zutun mit den Herausforderungen des Lebens konfrontiert sieht. Es setzen im Gespräch mit dem Anderen nicht zufällig sofort Gespräche zur Selbstvergewisserung über die eigene unauffindbare Identität ein.

■ Alleinseinsgestus vs. Gruppenzugehörigkeit

Dem Gestus des Alleinseins entgegengesetzt, wird stets auch eine Zugehörigkeit Beckmanns beschworen: die zur Gruppe der Kriegsheimkehrer, denen es irgendwie allen doch ähnlich ging. In der Einleitung wird Beckmann ganz dezidiert so eingeführt: »Von einem Mann, der nach Deutschland kommt, einer von denen. Einer von denen, die nach Hause kommen und die dann doch nicht nach Hause kommen, weil für sie kein Zuhause mehr da ist.« (S. 7) Man schätzt die Zahl der 1945/46 aus Kriegsgefangenschaft oder der Front in ein ziviles Leben zurückgekehrten deutschen Soldaten auf etwa sechs Millionen Männer. Das Motiv des »Einer von denen« wird im Vorspiel dann beharrlich auch vom Beerdigungsunternehmer/Tod aufgegriffen.

Als »seinesgleichen« fungiert im Stück vor allem der Obergefreite Bauer, also »der Einbeinige« (S. 84). Bauer hat eine auffallend ähnliche Vita wie Beckmann selbst. Vor allem in der ersten Begegnungsszene stehen sie auf der Bühne in einer dramaturgischen Opposition zueinander, die dadurch, dass das Mädchen, das zunächst noch zwischen ihnen steht, wegläuft, gesteigert wird (S. 25). Das Motiv des »Sich-an-die-Stelle-eines-anderen-Setzens« gerät zu einer Art Reigen, wenn Beckmann stockend über die ganz ähnliche Erfahrung spricht, die er tags zuvor mit seiner eigenen Frau gemacht hatte: Er war nur zufälligerweise der von gestern, alles hätte auch genau andersherum sein können. Auch Bauer ging, wie Beckmann, in die Elbe (S. 83), und bewegt sich seitdem zwischen Leben und Tod (S. 82). Das Konzept der eigenen Identität bricht Beckmann auch aufgrund dieser Austauschbarkeitserfahrungen weg.

Austauschbarkeitserfahrungen

Hierbei werden Grunderfahrungen des Menschen

abgewandelt und aktualisiert, die in der abendländischen Literatur seit Urzeiten ihren Niederschlag in mythischen Erzählungen von der »Heimkehr« gefunden hatten. Odysseus kehrt nach jahrelanger Irrfahrt nach Ithaka zurück, wird, verkleidet, zuerst von seinem alten Hofhund freudig erkannt und räumt sodann unter den Verehrern seiner Gattin auf. Anders als Beckmann ist es diesem bruchlosen Heimkehrer vergönnt, sich in seinen alten sozialen und familiären Status zurückzuversetzen. Nach den Kriegen wurde die Heimkehr zum Massenschicksal, doch Heimat und Heimkehrender passten nicht mehr zueinander oder es wurde wenigstens von den Literaten, die Zerfallsprozesse veranschaulichten, entsprechend dargestellt.[36]

Das mythische Motiv des Heimkehrers

An dem gezeigten Tag nach der Rückkehr Beckmanns nach Hamburg ist die Kommunikation seiner Mitmenschen mit dem Kriegsheimkehrer von komplettem Unverständnis geprägt. Beckmann und die »realen Personen« des Figurentableaus stehen sich wie entgegengesetzte Oppositionen gegenüber. Dies wird besonders deutlich in der Szene mit dem Direktor eines Kabaretts (4. Szene). Das durch den Direktor verkörperte Unterhaltungsgewerbe zeigt dem Zuschauer an, dass es sich hier um jemanden handelt, der voll im Frieden angekommen ist und nichts mehr vom Krieg wissen will, nichts mehr weiß (S. 43).

Das »dickste Zivilleben« des Direktors

36 Vgl. dazu William Anders, »Heimkehrsituation nach zwei Weltkriegen«, in: *German Life and Letters* 7 (1954) H. 3, S. 170–179, zit. nach Gullvåg (s. Anm. 7), S. 57.

Beckmann passiert es immer wieder, dass seine Gestalt als Provokation empfunden wird, weil er an etwas erinnert, was die anderen am liebsten vergessen würden: Er scheucht die Menschen aus ihrem Verdrängungsprozess auf. Dabei überzeichnet Borchert die Normalität des Friedens, in die sich die Figuren wieder eingefunden hätten.

Beckmann wird als fleischgewordener Anachronismus empfunden. Das liegt durchaus auch an Beckmann, der den Krieg nicht hinter sich lassen kann, vielleicht noch nicht lassen will, weil er das dort Erlebte noch nicht verarbeitet hat. Doch nun haften Gasmaskenbrille, Soldatenmantel und Sträflingsfrisur an ihm wie allerpersönlichste Eigenschaften. Die Reduktion seines Wesens auf äußerliche Merkmale, die gar nicht seiner Persönlichkeitsstruktur entsprechen und ihm durch das Militär auferlegt wurden, durchzieht das Stück als deutliches Leitmotiv. Sie ist ein bedeutendes Element der Auflösung seiner Identität im Zwischenreich von Ankommen und Nicht-Ankommen.

Reduktion auf äußere Merkmale

Das innere Erleben dringt zu den Mitmenschen hingegen nicht durch. Fronterfahrung interessiert sie nicht, Kriegsgefangenschaft noch weniger. Diese Entwertungserfahrung lässt Beckmanns Selbstbild zerbrechen, er ist sich selbst »ein schlechter Witz« (S. 50). Das Unverständnis, dem sich Beckmann ausgesetzt sieht, kristallisiert sich in seiner Missdeutung als »Komiker« (S. 39). Beckmann nimmt diese Kennzeichnung des Obersts vorübergehend, wenn auch nicht

Beckmann als »Komiker«

ohne Sarkasmus, in seine Identitätsbildung auf (S. 44). Das Motiv der Komik findet sich später noch in dem Lied von der tapferen kleinen Soldatenfrau (»Die Welt hat gelacht«, Refrain S. 47) sowie durch Frau Kramer (S. 55, 56). Furchtbar bitter schließt Beckmann zum Oberst: »Sie haben mich in den Tod gelacht.« (S. 72)

Das Lachen bei Borchert

Auch das Gelächter steht in einem Oppositionsverhältnis – nämlich zum Entsetzen, in das es sich mischt. Borchert, so Peter Rühmkorf, sei ein »Dichter des Grotesken«, also der bis zum Un- oder gar Wahnsinn getriebenen komischen Übersteigerung und Verzerrung. Das so verstandene Lachen spielt im ganzen erzählerischen Werk von Borchert eine prominente Rolle: »Es ist ein Lachen aus dem Erschrecken heraus und in die Leere hinein, ein Lachen ohne rechten Grund und wider die Gespenster.«[37] Die Ambivalenz des Lachens zwischen Komik und Tragik spiele auch eine Rolle beim Menschen Borchert, der unbändig lachen konnte, wobei »man doch bei seinem Lachen nie ganz wußte, woran man war«.[38]

»Drinnen« und »Draußen«

Auch auf der Ebene der Raumgestaltung kann man bewusste ästhetische Entscheidungen der Oppositionsbildung nachvollziehen. Die »realen Personen«, das Mädchen, der Oberst, der Direktor, Frau Kramer, verfügen über ein Zuhause, ein »Heim«, das auch ihren Kopf wieder im Frieden hat ankommen lassen. Der Unterschied zu Beckmann nimmt groteske Züge

37 Rühmkorf (s. Anm. 17), S. 61.
38 Rühmkorf (s. Anm. 17), S. 63.

besonders in der Szene an, in der der Kriegsheimkehrer die ganze Familie des Obersts beim Abendessen antrifft. Das Drinnensein gilt für Beckmann symbolisch als ein Aufgenommensein, das er in seiner absoluten Fremdheit nicht erlangen kann (S. 28).

Dass dieses »Drinnen« ein rein symbolisches ist, kann man schon daran erahnen, in welchem Zustand sich die deutschen Ruinenstädte in den Jahren 1945/46 befanden. Harald Jähner spricht von 45 Prozent aller Wohnungen, die zerstört waren.[39] Auch die Daheimgebliebenen, nicht nur die Soldaten an der Front, waren Opfer des Krieges. Das Mädchen, der Oberst, der Direktor, Frau Kramer könnten einfach Glück gehabt haben, viel wahrscheinlicher ist, dass ihr Obdach eine Bewusstseinslage zum Ausdruck bringt, sich alles Unangenehmen, das mit der Befassung mit dem vergangenen Krieg verbunden wäre, mental entledigt zu haben. Man hatte sich wieder »eingerichtet«.

Das symbolische Obdach

Die »Tür« ist sozusagen das Scharnier zwischen dem »Drinnen« und dem »Draußen« und damit das zentrale Symbol des ganzen Stückes (vgl. Titelgebung und S. 7). Zunächst überwiegt die akustische Profilierung des Symbols; die »kreischende« und zuschlagende Tür steht für den Wechsel zwischen den beiden inkompatiblen Sphären (S. 20, 24, 28, 40). Regelrecht auf der Schwelle, in szenischer Konfrontation zwischen dem »Drinnen« und dem »Draußen«, steht Beckmann eigentlich nur in der Tür der Frau Kramer, vor

Akustik der Tür

39 Vgl. Jähner (s. Anm. 32), S. 64.

einer Wohnung, die ironischerweise früher die eigene gewesen war.

Das Leitmotiv der Tür zu Beginn der 5. Szene sollte an dieser Stelle noch etwas näher ausgeführt werden. Die Tür repräsentiert zunächst eine echte Hoffnung auf ein wirkliches Ankommen: »Unser Haus steht noch! Und es hat eine Tür. Und die Tür ist für mich da.« (S. 52) Die Weise, wie der Satz »Das ist unsere Tür.« in der folgenden Reflexion über seine behütete Jugend und die durch den Krieg eingetretenen Veränderungen rhythmisch eingestreut wird, bereitet auf eine weitere Konturierung des Symbols im Lauf der Szene vor.

■ Die Tür zwischen Ankommen …

Beckmann verwundert sich sehr über den fehlenden Namen »Beckmann« auf den Messingschildern an der Tür (S. 53). Auch jetzt geht die Tür wieder *»kreischend«* auf, geöffnet durch die neue Mieterin, Frau Kramer. Während der Unterhaltung wird Beckmann zorniger; dennoch ist die Wendung in Richtung eines »Selbstausschlusses«, die das Symbol der Tür nimmt, überraschend: »Machen Sie ganz schnell Ihre Tür zu, sag ich Ihnen! Machen Sie!« (S. 57). Beckmann zieht die Konsequenz aus seiner Nicht-Zugehörigkeit und fügt sich in das »Draußen«.

■ … und (Selbst-) Ausschluss

Das folgende Gespräch mit dem Anderen findet vor dieser zugegangenen Tür statt, jedenfalls thematisiert Beckmann (S. 61), dass es sich nach wie vor um *seine* Tür handelt. Die Wirkung auf den Zuschauer wird durch diese Zuschreibung verstärkt: Hamburg und der Kriegsheimkehrer verschließen sich vorein-

■ Trennung durch die Tür

ander, aus beiderlei Perspektiven gibt es kein Ankommen.

Doch nun erfährt die Tür eine deutliche Bedeutungsverschiebung: Gewiss werden weiterhin die Türen, die ihn vom Obdach der »realen Personen« trennen, als Symbol seines Nicht-Ankommens thematisiert (z.B. S. 78) Parallel beginnt die Tür für die Möglichkeiten zu stehen, die das Leben noch bereithält. Beckmann spielt mit dem Gedanken, Erlösung im Tod zu erfahren, und der Straßenfeger/Tod bestärkt ihn darin (S. 68). Auf der Ebene des Diskurses mit den »symbolischen Figuren« steht die Tür für den Zugang zu existenziellen (Grenz-)Erfahrungen. Von der anderen Seite zerrt nämlich der Andere an Beckmann: »Das Leben wartet mit tausend Laternen und tausend offenen Türen.« (S. 69)

Türen als Zugänge zu Lebensmöglichkeiten

Es wäre zu kurz gegriffen, in dieser Entgegensetzung von Todes- und Lebensprinzip eine Anschauung einfacher binärer Ordnung der Welt erkennen zu wollen. Der Andere erweist sich vielmehr als Sprachrohr einer »Lebensphilosophie«. Bei dieser philosophischen Strömung, die sich seit dem Ende des 19. Jahrhunderts nachweisen lässt, gilt »das Leben« als allumfassendes Grundprinzip des menschlichen Daseins. Das Leben fließe unaufhörlich und nehme in den Individuen nur vorübergehende und zufällige Formen an. Der Philosoph Georg Simmel sprach in diesem Zusammenhang von einer »Antinomie«, also einem Widerspruch von Kontinuität und Individualität.

Lebensphilosophie

In Bezug auf Beckmann kann man davon sprechen, dass das Leben, dem er sich nicht mehr aussetzen mag, unhintergehbar ist. In der Auseinandersetzung mit sich und seiner Umwelt, wozu auch die Todessehnsucht gehört, manifestiere sich gerade die Totalität des Lebens: »Und was ist hinter den Türen, die das Leben uns aufmacht? […] Das Leben! Das Leben selbst! Komm, du musst weiter.« (S. 67) Das »Müssen« meint hier also möglicherweise weniger eine Aktivierung von Lebensenergien als ein Fügen in das Gesetz der Welt.

Das Weltgesetz »Leben«

Der Raum, in dem sich die Türen symbolisch anordnen, ist mit der voranschreitenden 5. Szene gänzlich anders gestaltet als zuvor. Sie werden entlang einer »Straße« gedacht (S. 79). Die »Straße« darf hier durchaus als »Lebensweg« des Individuums Beckmann aufgefasst werden. Der Andere will Beckmann vermitteln, dass das, was er gerade erlebt, absolut erwartbare Wechselfälle des Lebens sind, und zeichnet damit dem Raum eine Topographie der Straße ein: »Du verläufst dich, Beckmann, komm, bleib oben, deine Straße ist hier! […] Die Straße geht auf und ab. Schrei nicht los, wenn sie abwärts geht und wenn es dunkel ist – die Straße geht weiter […]« (S. 59 f.). Der Mensch müsse »weiter« dem Lebensimpuls gehorchen, aber er habe die Wahl, seine Form zu sprengen (suizidal die »untere« Straße zu nehmen) oder den intuitiven, schöpferischen Kräften des Daseins auf einer »oberen« Straße Geltung zu verschaffen.

Die Straße als Lebensweg

Lebenssinn und Mysterium

Die Krise des Hauptshelden des Stückes erschöpft sich nicht in seiner materiellen Not und seelischen Vereinsamung. Sie ist genauso sehr eine »Sinnkrise«. Noch einmal kann man sich klarmachen, woran der deutsche Soldat, der 1941 gegen die Sowjetunion Stalins ins Feld zog, glauben sollte: an deutsches Volkstum, rassische Überlegenheit, soldatische Tugend, an die Bedrohung durch Bolschewismus und Judentum, an den Führer. Der nationalen Geistesgeschichte entnommene Floskeln aus der idealistischen Philosophie und der christlichen Religiosität mochten hinzutreten. In dieses Setting weltanschaulicher Versatzstücke wurde auch der 1921 geborene Borchert, wie viele seiner Altersgenossen Mitglied der Hitler-Jugend, hineinsozialisiert.

Beckmanns Sinnkrise

In *Draußen vor der Tür* ist der Horizont nationalsozialistischer Ideologie bereits erstaunlich vollständig ausgelöscht. Der Erfolg des Stückes könnte auch damit zu tun haben, dass es die »Stunde Null« glaubhaft verkörperte. Es ist, als müsste jedes Nachdenken über die Welt völlig neu ansetzen, wie in den ersten Tagen der antiken Philosophie: Was ist der Mensch? Ist er gut oder böse? Wofür lohnt es sich zu leben? Was passiert nach dem Tod? Wohin gehören wir? Die »Geworfenheit« Beckmanns in das Hamburg des Jahres 1945 bedeutet auch dies: Wie ein neugieriges Kind all diese Fragen erstmals fassen und neu stellen zu dürfen, weil es überdeutlich geworden war, dass die

Die »ersten philosophischen Fragen«

alten Antworten nicht mehr galten, ja immer Lüge gewesen waren.

Dass das Gute in einer Welt von Zerstörung und Nachkriegsnot einen schweren Stand hat, wird bereits im Vorspiel deutlich, das die Machtverteilung zwischen Gott und Tod neu auslotet. Gott, der »Gute«, tritt seine Rolle resigniert an den Tod ab, der hier als Beerdigungsunternehmer auftritt: »Du bist der neue Gott.« (S. 10) Der Tod spottet über den alten Gott und behauptet die Bühne als Sieger für sich: »Na, dann gute Nacht, Alter. Geh schlafen. Pass auf, dass du nicht auch noch ins Wasser fällst.« (S. 11) Es gibt zwar keine Wette um die Seele Beckmanns, doch sind Anklänge an den »Prolog im Himmel« aus Goethes *Faust* unverkennbar, in dem sich der Herr und Mephisto über die Natur des Menschen streiten.

■ Faust-Bezug zwischen Tod und Gott

Nach dem Vorbild spätmittelalterlicher Mysterienspiele wird die religiöse Thematik in der 5. Szene wiederaufgenommen. Beckmann sucht bei Gott und Tod nach Orientierung. Was er bei Gott findet, ist jämmerlich, ein machtloser alter Mann, den anspruchslose Vorfahren sich als »lieb« zurechtkonzipierten (S. 63 f.), als »Märchenbuchliebergott« (S. 65). Zentral ist dabei das Theodizee-Problem, wie Gott all das Leid auf Erden – den Tod seines Sohnes im Bombenhagel, seiner Kameraden bei Gorodok, all der Soldaten in Stalingrad – habe zulassen können (S. 64). Fast wortgleich zum Tod im Vorspiel schließt Beckmann daraus die Nichtigkeit Gottes (S. 66). Lakonisch resümiert er: »Die alten Leute haben es heute am schwers-

■ Theodizee-Gedanke

ten, die sich nicht mehr auf die neuen Verhältnisse umstellen können.« (S. 66) Demgegenüber ist Beckmann gewillt, dem Tod, der hier als Straßenfeger auftritt, zu Diensten zu sein, womit er die neue Machtverteilung zwischen Gott und Tod zu bestätigen scheint (S. 68).

Unlebendiger Gott

Beckmanns Einwand gegen Gott ist aber nicht, dass er etwas Gutes verkörpert, sondern dass er nicht »lebendig« (im Sinne von vital) ist. Theologen hätten ihn alt werden lassen (S. 66), ja er sei selbst »ein tintenblütiger Theologe« (S. 65). Der krasse Nihilismus des Vorspiels wird dadurch abgefedert. Beckmann adaptiert einige sprachliche Bilder, die der Philosoph Friedrich Nietzsche erfunden hatte, um den »Tod Gottes«, seine »Ermordung« durch die Menschen in Worte zu fassen: »Hast du dich ganz in deine schönen alten Kirchen eingemauert, Gott?« (S. 65). So wird deutlich, dass die Gegenthese zu »Gott« weniger der »Tod« ist als das (wahre) »Leben«. Der Andere vermutet also zu Recht, dass Beckmann hinter den Türen des Todes nicht so sehr eine Auslöschung oder Erlösung sucht, sondern eine höherwertige Selbsterfahrung (S. 67). Unter Hinzuziehung biografischer Zugänge werden wir hierzu am Ende dieser Interpretation mehr erfahren.

Der Andere, ein »Anti-Mephisto«

Der Andere nun ist Beckmanns Anti-Mephisto. Einerseits zeichnet ihn ganz so wie die Figur aus Goethes Faust eine Einsicht in die sinnliche, ja tierische Natur des Menschen aus: »So sind sie, die Zweibeiner, ganz sonderbare Leute sind das hier auf der Welt« (S. 19), vor allem, wenn ein anderer »mit einem Busen und langen Locken« des Weges kommt. Andererseits ist er im Gegensatz zum »Geist, der stets verneint« natürlich der »Jasager« (S. 14), der die Energie der Positivität verkörpert. Positiv ist vor allem auch sein Menschenbild, über das er sich mit Beckmann auseinandersetzt. Freilich macht für ihn das Fügen in die Totalität des Lebens den guten Menschen aus.

Ist Beckmann nun also ein glaubensloser Nihilist, dem nur noch von außen ein Lebenssinn eingeflößt werden kann? Es gibt genügend Hinweise, dass es sich so nun auch wieder nicht verhält. Das gesamte Gespräch mit dem Anderen in Szene 5 durchzieht ja gerade die enttäuschte Erwartung Beckmanns, der Mensch müsse und solle (eigentlich) gut sein. Letztlich ist die Schlechtigkeit des Menschen doch gesellschaftlich »gemacht«, anders gesagt: Überall sitzen Menschen, die falsche Begriffe des überzeitlich gültigen »Guten« prägen. Der Kabarettdirektor in Szene 4 äußert hohle Phrasen des hohen Ideals »Wahrheit«, die in sich zusammenstürzen, sobald sie mit entsprechendem Sinn und Handeln gefüllt werden sollen. Beckmann lernt hier, dass ein wahrer Wahrheitsbegriff auf diesen falschen Anschauungen nicht gebaut werden kann, dass es mehr bedarf, diese zu leben und für sie auch unter Mühen einzustehen: »Mit der Wahrheit macht man sich nur unbeliebt.« (S. 49) – »Die Straße stinkt nach Blut, weil man die Wahrheit massakriert hat.« (S. 51)

Der Diskurs um die »Wahrheit«

Zu wissen, wie der Mensch sein *sollte*, darin läge

für Beckmann vielleicht auch ein Ausweg aus seiner Identitätsproblematik. Seine Selbstvergewisserung führt ihn zu dem Ergebnis, dass er ein *Herz* besitzt – im Gegensatz zu seinen Mitmenschen, denen er in Hamburg begegnet (z. B. S. 51). Denen sei Mitleid fremd: »Sie haben alle dieselben gleichgültigen entsetzlichen Visagen.« (S. 76) Um das Symbol des »Herzens« kreist auch sein Diskurs mit dem Anderen über das Wesen des Menschen (v. a. S. 73), der hier schon fast den Charakter der faustischen Wette annimmt, sollen doch die Wiederbegegnungen mit den »realen Personen« dem Anderen *beweisen*, dass Beckmann Recht hat: Der Mensch ist schlecht.

Das Symbol des Herzens

Die Gegenüberstellung von positivem und negativem Menschenbild in den Gestalten des Anderen und Beckmanns ist äußerst schlicht – und entspricht daher gerade der Anlage des Stückes, einfache Oppositionen darzustellen. Anspruchsvoller stellt sich das Spiel um Traum und Realität dar, das sich parallel dazu entfaltet. Konkret wirft die Handlung folgende Fragen auf: Was passiert in dem Stück »wirklich«, was nur in der Vorstellung Beckmanns? Gibt es eine Ebene des Traumes, die der Realität gegenübergestellt werden könnte? Was passiert womöglich in einem Reich des Todes, in das der Selbstmörder bereits hinübergeglitten ist?

Spiel um Traum und Realität

Man darf die Bedeutung dieser Fragen für das Gesamtverständnis des Stückes nicht übertreiben. Zum Beispiel der Borchert-Biograf Gordon J. A. Burgess beging den Fehler, einzelne Handlungspassagen be-

Gefahr der Überinterpretation

stimmten Bewusstseinszuständen Beckmanns klar zuordnen zu wollen. So unterschied er scharf die langen Wachphasen Beckmanns von zwei Träumen jeweils zu Beginn und am Ende des Stückes und zog daraus fälschlicherweise gravierende Konsequenzen für seine Interpretation. Für Burgess ist es nicht Beckmann, der sich zu Beginn in die Elbe wirft, sondern ein anderer, den Beckmann im Schlaf hört. Beckmann selbst aber erlange »die Erkenntnis, dass sein Selbstmord sinnlos wäre«, was Burgess zu seinem ersten Schritt auf dem »Weg vom Todes- zum Lebenswillen«[40] überhöht.

Motive der »Zwischenwelt«

Im Sinne einer stimmigen Interpretation ist die These zielführender, dass das Konzept einer Art »Zwischenwelt« zwischen Traum und Realität genau dem Hauptanliegen des Stückes entspricht: der Situation eines Kriegsheimkehrers zwischen Ankommen und Nicht-Ankommen auf einer Theaterbühne gerecht zu werden. Die Ausgestaltung dieses Mysteriums muss keinesfalls konsistent sein – und ist es auch nicht. Es macht deshalb auch wenig Sinn, verschiedene Möglichkeiten, wie es sich denn nun eigentlich *wirklich* verhalte, zur Diskussion zu stellen. Plausibler ist es, all jene Motive zu würdigen, die *insgesamt* den Eindruck einer »Zwischenwelt« zu erwecken vermögen.

Der Selbstmord

Erstens ist da der Selbstmord Beckmanns, der zu Beginn als erfolgreich abgeschlossen geschildert wird.

40 Burgess (s. Anm. 1), S. 66.

Der Beerdigungsunternehmer/Tod schildert: »Ein Mensch ist gestorben. Und? Nichts weiter. Nur ein paar kreisförmige Wellen beweisen, dass er mal da war.« (S. 9) Doch Beckmann überlebt ja, weil ihm die Elbe noch eine zweite Chance zugedacht hat: »Er will es noch mal versuchen, hat er mir eben versprochen.« (S. 14) Noch einmal: Gestorben und nicht gestorben zu sein, ist in der Gesamtkonzeption des Stückes kein Widerspruch, sondern Bedingung dafür, das latente Zwischenreich überhaupt erst zu konturieren.

Zeitschleifenstruktur

Zweitens trägt die Zeitschleifenstruktur zu dem Mysterium bei. Denn es wird in der 5. Szene gelegentlich angedeutet (S. 71, 74), dass der Selbstmord nicht am Anfang der Handlung geschieht, sondern an deren Ende. Oder noch besser: An ihrem Anfang *und* an ihrem Ende, womit es auch gleichgültig ist, ob es sich um diesen oder einen neuerlichen Selbstmordversuch handelt. Somit gerät unsere Gewissheit von der Chronizität und Kontinuierlichkeit der Handlung ins Wanken. Dieses Motiv verträgt sich hervorragend mit der Identitätsproblematik um Beckmann und sein Alter Ego, den Obergefreiten Bauer: Es handelt sich dann um einen Reigen von Suiziden in der Gruppe von Kriegsheimkehrern (S. 83).

Müdigkeit – Dämmerzustand

Drittens ist es die Müdigkeit Beckmanns, die ihn in einen ständigen Dämmerzustand zwischen Wachen und Schlafen versetzt. Was vor seinen Augen geschieht, ›verschwimmt‹ nicht nur wegen der fehlenden Brille (S. 24). Es könnte ihm auch eine Wirklichkeit vorgegaukelt werden, die sich so gar nicht zugetragen hat; dies betrifft vor allem seine ziemlich plötzliche Versetzung in die bizarre Szenerie am Esstisch der Familie des Obersts (S. 28). Es überrascht daher kaum, dass Beckmann laut Regieanweisung am Ende der Szene aufwacht (S. 39), ohne dass er vorher ausgesprochen eingeschlafen wäre.

Traum- und todesartiger Zustand in der 5. Szene

Viertens muss auf den dort vielfach thematisierten traum- und todesartigen Zustand hingewiesen werden, den Beckmann in der 5. Szene erreicht. Hier wird sowohl auf das Einschlafen als auch auf das Aufwachen explizit hingewiesen (S. 62, 83). In der Zwischenzeit rollen alle Gestalten, die ihm nach seiner Rückkehr nach Hamburg begegneten, erneut an ihm vorbei – möglicherweise ein Phantasma des Ertrinkenden. Doch hat auch diese Lesart ihre Inkonsistenzen: Der Andere versucht Beckmann einerseits zu wecken, aus dem »bösen Traum« (S. 69) zu reißen, andererseits bestätigt er den Tod Beckmanns: »Die Menschen trauern um deinen Tod.« (S. 70)

Unaufgelöstes Mysterium

Mit dem Aufwachen auf S. 83 ist Beckmann alleine mit sich und seinem Kummer. Gleichzeitig beginnt er von seinem Schicksal in der 3. Person zu erzählen, als hätte sein Geist mit dem Tod zu einer Distanz zu seinem Leib gefunden, wogegen aber der starke Rückschwung zur persönlichen Betroffenheit im Schlussmonolog spricht. Es hilft nichts: Das Mysterium der Zwischenwelt soll durch den Zuschauer nicht gelöst werden können (ansonsten wäre es kein Mysterium mehr). Wichtiger für das Gesamtverständnis ist, dass auch der »Traum« (exakt wie der »Tod«) gegenüber dem (lebensphilosophisch aufgefassten) »Leben« ein Defizit zum Ausdruck bringt: »Du träumst einen tödlichen Traum, Beckmann. Wach auf! Lebe!« (S. 78).

Abseits dieses Hauptstroms vom Träumen als »kleinem Tod« sei noch auf eine weitere Spielart des Realitätsverlusts hingewiesen, für die es aber nur vereinzelte Nachweise gibt: die Meta-Ebene von Film und Theater. In der 5. Szene stellt sich Beckmann vor, welche Akteinteilung es geben müsse, wäre sein Schicksal ein Schauspiel (S. 61) Und in der Vorrede heißt es über ihn: »Und da erlebt er einen ganz tollen Film. Er muss sich während der Vorstellung mehrmals in den Arm kneifen, denn er weiß nicht, ob er wacht oder träumt« (S. 7), und dann noch einmal: »ein ganz alltäglicher Film« (S. 7). Obwohl Beckmann am Ende der 5. Szene einige Züge dieses Erzählers aus der Vorrede annimmt, wird das an prominenter Stelle eingeführte Film-Motiv weder hier noch anderswo wieder aufgenommen. Nicht zu Ende ausgeführte Motivik ist indes nicht überraschend bei einem Stück, das der kranke Autor innerhalb von acht Tagen niedergeschrieben hatte.

■ Theater- und Filmmotivik

Schuld und Hoffnung

In der bisherigen Textinterpretation führt kaum ein Weg aus der erschütternden Düsternis hinaus: Beckmanns Identität löst sich auf, er kommt in keinem Zuhause an, Gott ist tot, an Wahrheit und Wirklichkeit ist kein Halt zu finden. Die dramaturgische Umsetzung unterstützt, wie wir gesehen haben, Stück für Stück die leitende These vom Persönlichkeitszerfall des Kriegsheimkehrers. Es bedarf eines biografisch-historischen Kontexts, um diesen Befund aufzuhellen.

Ein Hoffnungsschimmer?

Borcherts Persönlichkeit schwankte seit seiner Jugend zwischen Extremen. Leben und Werk sind voller »Konterpaarungen«. Der depressiv Schwärmende vertrug sich erstaunlich gut mit dem lärmenden Komödianten. In fast gleichzeitig entstandenen Werken treten uns zwei gegensätzlich erscheinende Schreibstile gegenüber, ein elegisch-verschnörkelter und ein nüchtern-sachlicher. Der Hang zum Nihilismus trat dem Gefühl für Humanismus an die Seite. Freunde beobachteten an dem Todkranken nach 1945 einen kaum fassbaren Optimismus. Der Dichter selbst schreibt in einem Briefdokument: »Das Leben ist doppelseitig wie ein Fisch.«[41]

»Konterpaarungen« in Borcherts Leben und Werk

Dies kann bei einem Schriftsteller, bei dem das Werk so deutlich ein Spiegel seines Lebens war, nicht ohne Echo in seinen Texten geblieben sein. Borchert war selbst ein Nein- und ein Jasager. Der Andere in *Draußen vor der Tür* ist nicht nur Beckmanns mit positiver Lebensenergie geladener Doppelgänger, sondern ein Aspekt in der Persönlichkeit seines Autors. In einem autobiografisch aufgeladenen literarischen

Borchert und der Andere

41 Brief vom 1. 5. 1946 an Aline Bußmann, in: Borchert (s. Anm. 2), S. 174. Man muss hier auch unwillkürlich an Beckmann als zusammengesetztes Fischwesen denken; siehe weiter oben in der Interpretation.

Zeugnis heißt es: »Das sind wir, wir Illusionslosen mit den großen unmöglichen Rosinen im Kopf.«[42] Diese Grundstruktur des »Nein, aber …« findet sich auch in seinem dramatischen Hauptwerk, wie hier zu argumentieren sein wird.

»Ein Mann kommt nach Deutschland« – Borchert gedenkt seines Deutschlands mit Bitterkeit. Ganz anders war die Beziehung zu seiner Heimatstadt Hamburg. Vor allem sein späteres lyrisches Werk ist von emotional positiven (wenn auch herben) Hamburg-Bezügen durchtränkt. Man kann Julius Bab zustimmen: »Die allerstärkste Bekundung von Borcherts Lebensliebe ist […] das Verhältnis zu seiner Stadt.«[43] Dieser Hoffnungsanker flackert selbst inmitten der Schwermütigkeit von *Draußen vor der Tür* gelegentlich auf: »Die Elbe« als altes Weib, die Huren der Reeperbahn (S. 9), die Landungsbrücken, der Strand von Blankenese. Und wie liebevoll hamburgisch es immer wieder im Vokabular tönt: So fremd ihm auch die Menschen entgegentreten, immer meint man, es hätte Beckmann auch noch viel schlimmer treffen können, wenn ihm dies alles nämlich nicht im geliebten Hamburg widerfahren wäre.

Ein Stück Heimatliteratur

Borchert war ja genau gesagt weniger ein Mann des Theaters als des Kabaretts, und der Ausweg des befreienden Lachens steht uns auch in *Draußen vor der*

42 Wolfgang Borchert, »Gespräch über den Dächern«, in: Borchert (s. Anm. 10), S. 55–66, hier S. 62.
43 Julius Bab, *Über den Tag hinaus. Kritische Betrachtungen*, Heidelberg 1960, S. 236, zit. nach Gullvåg (s. Anm. 7), S. 116.

Borchert als Humorist

Tür zur Verfügung. Es lohnt sich, das Stück einmal gegen den Strich als vollendete Tragikomödie zu lesen. Karl S. Guthke arbeitete als Erster die »schwankhaften Fügungsformen« des Dramas heraus, das erstaunlich weitgehend »ironisch strukturiert« ist.[44] Beckmann vermag nicht zu sterben, selbst der Tod will ihn nicht haben. Kaum klagt er selbstmitleidig über seine Gehbehinderung, begegnet er einem, den es richtig übel erwischt hat – den Einbeinigen. Ein Verantwortungsscheuer (Beckmann) wälzt die Verantwortung auf einen anderen Verantwortungsscheuen (Oberst) ab – war es im Krieg nicht genau umgekehrt? Nur durch die lächerliche Gasmaskenbrille vermeint er sehen zu können, und doch erweist sich im Verlauf des Stücks das Gegenteil (S. 76). Nicht zu reden von der Szene mit dem Direktor, in der Beckmann zum »Schauspieler seiner eigenen Tragödie«[45] wird und damit jedes Wahrheitspathos persifliert, usw. Zwar bläst die Komik die Tragik natürlich nicht fort, gibt ihr aber einen »neuen Zug«[46].

Betrachten wir überdies einige der von Borchert in der gleichen Hauptschaffensperiode 1946/47 geschaffenen Texte, so leuchtet am Ende des Tunnels häufig ein Licht auf. Nehmen wir zwei seiner bekanntesten

44 Dazu und zum Folgenden Karl S. Guthke, »Wolfgang Borchert – *Draußen vor der Tür*«, in: *Das deutsche Drama vom Expressionismus bis zur Gegenwart. Interpretationen*, hrsg. von Manfred Brauneck, Bamberg 1977, S. 112–117.

45 Guthke (s. Anm. 44), S. 115.

46 Guthke (s. Anm. 44), S. 116.

Kurzgeschichten. Das alte Ehepaar in *Das Brot* hungert und friert, leidet an seiner Sprachlosigkeit, ist sich letztlich aber doch in hingebungsvoller Liebe treu. Tod und Verwesung prägen die Trümmerwüste in *Nachts schlafen die Ratten doch*, von denen Jürgen glaubt, sie würden den Leichnam seines kleinen, bei einem Fliegerangriff umgekommenen Bruders auffressen, und doch scheint er, als der krummbeinige Mann mit seinem grünen Kaninchenfutter der Abendsonne entgegenläuft, aus seinem aufkeimenden Wahnsinn errettet.

Optimismus in den Kurzgeschichten

Aber Beckmann, ist er nicht ohne jede Hoffnung? Komplett alleingelassen, nicht nur von seinen Mitmenschen, nicht nur von Gott, sondern jetzt auch von seinem »Alter Ego«, dem wohl doch nicht so treuen Anderen? »Gibt denn keiner, keiner Antwort???« (S. 85), endet das Stück, ohne dass jemand Beckmann erhören würde. Das Publikum der Erstaufführung soll nach dieser Schlusssentenz noch eine Minute schweigend dagesessen haben, bevor der Beifall losbrach.

Die Antwortlosigkeit als Problem der Interpretation

Vielleicht ist es aber am wichtigsten, dass Beckmann so weit gekommen ist. Er ist eben nicht am Ufer der Elbe verreckt, er ist nicht verhungert und erfroren, er, ob er nun sitzt oder steht, lebt – und hat noch Fragen. Und Bedürfnisse, nach Höherem (»Gott« und Erkenntnis), nach Begleitung (»Anderer« und Liebe). Und einige der Türen auf der Straße mögen ihm doch Möglichkeiten eröffnen, wie er nach all dem Durchgestandenen dieses unmögliche Leben weiterführen kann.

Die Beckmann-Fragen

Wiederum ist es der biografische Hintergrund, der

uns diesen Deutungshorizont erschließt. Im Prosastück *Die Elbe* schwärmt Borchert von dem »Hunger nach Liebe« und der »Hoffnung auf Leben« gerade seiner jungen Generation.[47] Der Nihilismus ist nicht das Ende; wie bei Nietzsche kommt nach dem Verlust der alten Werte etwas Neues, das aber gesucht werden muss, noch nicht gefunden sein kann, oder, wie es in Borcherts »Manifest« im stolzen Selbstgefühl heißt: »Denn wir müssen in das Nichts hinein wieder ein Ja bauen.«[48] Borchert befand sich darin durchaus im Einklang mit anderen Literaten seiner Zeit wie Alfred Andersch, die sich von einem »originalen Schöpfungsakt eine Erneuerung des deutschen geistigen Lebens«[49] erhofften.

■ Suche nach etwas Neuem

Borchert interpretierte sein Stück *Draußen vor der Tür* selbst in diesem Sinne. Auf das Manuskript der Hörspielfassung schrieb er den später nicht veröffentlichten Satz als eine Art Motto: »Eine Injektion Nihilismus bewirkt oft, dass man vor lauter Angst wieder Mut zum Leben bekommt.«[50] Borchert scheute sich

47 Wolfgang Borchert, »Die Elbe«, in: Borchert (s. Anm. 10), S. 108–113, hier S. 111.

48 Borchert (s. Anm. 10), S. 522 f.

49 Alfred Andersch, »Deutsche Literatur in der Entscheidung«, in: *Das Alfred-Andersch-Lesebuch*, hrsg. von Gerd Haffmans, Zürich 1979, S. 111–134, hier S. 128, zit. nach Joseph L. Brockington, »Ein Ja in das Nichts hineinbauen: Möglichkeiten und Formen der Hoffnung in der Literatur der Nachkriegsgeneration. Wolfgang Borchert und die ›junge Generation‹«, in: Burgess (Hrsg.) (s. Anm. 8), S. 22–35, hier S. 26.

50 Wolfgang Borchert, zit. nach Ernst Schnabel, »Eine Injektion

nicht, den Beckmann-Fragen nach Gott, nach der Liebe, nach dem Nebenmann und dem Sinn des Lebens auf der Welt selbst eine Antwort beizugeben: »Das Leben selbst ist die Antwort.«[51] Nirgendwo sonst wird der Charakter des Anderen als Borcherts Sprachrohr so deutlich.

»Das Leben selbst ist die Antwort«

Ein ausschließlicher Fokus auf Beckmanns Elend und Zersetzung lässt unbedacht, wie selbsttätig sich der Kriegsheimkehrer letztlich doch durcharbeitet – durch den ganzen Schutt von Kriegserlebnissen, Angst und Schuld. Die Einflüsterungen des Anderen täuschen uns darüber hinweg, dass das begeisterte Signal zum Aufbruch in die räumlichen Sphären von Oberst, Kabarett und Elternhaus am Ende einer jeden Szene stets von Beckmann selbst kommt, als wäre die Idee von ihm: »Komm! Komm!« (S. 27), »Ich gehe zum Zirkus! Es lebe der Zirkus!« (S. 41), »Nach Hause! Ja, ich will nach Hause.« (S. 51)

Beckmanns Aufbrüche

Bevor man bauen darf, muss geräumt werden. Die Konfrontation mit dem Oberst hat eine offenbar kathartische Wirkung auf Beckmann. Um die Angstzustände und Alpträume loszuwerden, muss er dem Befehlshaber, den er dafür verantwortlich macht, davon erzählen. Auf der einen Seite stellt dessen Entlarvung als etwas lächerlicher Vertreter des pflichtbewussten,

Kathartische Wirkungen an den Stationen

Nihilismus«, in: *Hamburger Akademische Rundschau* 1 (1946/47) H. 9, S. 385–386, zit. nach Brockington (s. Anm. 49), S. 28.

51 Brief an M. Grantz vom 27. 2. 1947, in: Borchert (s. Anm. 2), S. 195.

»naiven« und »gesunden« Preußen eine Entlastung dar. Auf der anderen Seite scheint er vom Oberst nicht weniger als eine Lossprechung von der Schuld zu erwarten, etwa wenn er ihm die Ausrede auftischt, »eigentlich« sei er ja gar kein Soldat gewesen (S. 28).

Alte Lüge gegen neue Wahrheit

Die Ambivalenz von Drinnen und Draußen, die vorhin schon angesprochen wurde, kann unter der Lupe der biografischen Zeugnisse besser verstanden werden. Das »Drinnen« des Obersts beim Abendessen mit seiner Familie ist die Lüge, der hohle, überkommene Idealismus, zu dem Beckmann nicht wieder zurückwill, nicht zurückkann. Der Oberst hat aus seinen Kriegserlebnissen keine Konsequenzen gezogen: Dass er hier satt und zufrieden ein falsches Leben genießt, gerät ihm unter der Perspektive des Nietzscheanischen Aufbruchs zu neuen, besseren, wirklichen Werten zum untilgbaren Makel.

Der nicht begriffene Krieg

Borchert meinte sich in Russland zum »wahren Menschen« entwickelt zu haben.[52] Es ist daran zu erinnern, welch hohen Stellenwert die »Wahrheit« auch für seinen Helden Beckmann hat. Aber der Selbstanspruch, die Kriegserinnerungen durchzuarbeiten und auf eine Weise loszuwerden, dass Raum für einen Neubau wahren Lebens und Liebens entsteht, ist so groß, dass der junge Dichter daran scheitert. Borchert vermochte »den Krieg als gesellschaftlich herbeigeführte Wirklichkeit nicht zu verstehen«.[53] Das Bild

52 Brief an C. Dammann vom 29. 3. 1943, in: Borchert (s. Anm. 2), S. 105.

53 Bettina Clausen, »Rückläufige Jugend: Bemerkungen zu

von nationalsozialistischer Ideologie und Kriegsmaschinerie verbleibt auf der Ebene des Eindrucks, persönlich enttäuscht worden zu sein.

In den Klagen Beckmanns, ohne eigenes Zutun Opfer des Kriegs geworden zu sein, lassen sich in soziologischer Perspektive Strukturen eines Generationenkonflikts aufspüren. Im Gespräch mit dem Anderen (S. 76) ist das Leitmotiv der »Verrat«. Mit ihren euphorischen Erzählungen vom Krieg hätten »sie« die jungen Leute zuerst begeistert und dann fallenlassen. »Und jetzt sitzen sie hinter ihren Türen, Herr Studienrat, Herr Direktor, Herr Gerichtsrat, Herr Oberarzt« (S. 76 f.), also gebildete, studierte Leute, die es hätten besser wissen können und hinterher auch geschickter darin waren, ihre Schäfchen ins Trockene zu bringen. Seine eigene Generation stilisierte Borchert hingegen in seinem Text »Generation ohne Abschied« zur »Generation ohne Bindung, ohne Vergangenheit, ohne Anerkennung«[54], vor allem aber »ohne Heimkehr«.[55]

Generationenkonflikt

Für Borchert und seine »verlorene« Generation scheint die Notwendigkeit, sich für eine neue Zeit bereit zu machen, ja sie zu initiieren, die Überwindung eigener Schuld zu rechtfertigen. In einem überlieferten Brief wünschte er sich: »Wenn es möglich ist, Ver-

Im Zeichen der Schuld

Borchert und zum frühen Borchert-Erfolg«, in: Burgess (Hrsg.) (s. Anm. 8), S. 224–238, hier S. 234.

54 Wolfgang Borchert, »Generation ohne Abschied«, in: Borchert (s. Anm. 10), S. 67–69, hier S. 67.

55 Borchert (s. Anm. 54), S. 69.

gangenheit zu tilgen, dann soll man es immer tun.«[56] Man sollte diese Äußerung jedoch nicht politisch als eine Art Schlussstrichrhetorik verstehen, sondern stattdessen ernst nehmen, dass es ganz grundsätzlich um eine psychische Ermöglichung des Weiterlebens ging. Die Schuldgefühle und Ängste Beckmanns sind echt, existenziell und, anders als beim Soldaten Borchert, weniger diffus, und konkretisieren sich gegenüber dem einbeinigen Obergefreiten Bauer und seinen bei Gorodok verlorenen Kameraden.

Die »Rückgabe der Verantwortung« an den Oberst

Beckmanns »Rückgabe der Verantwortung« an den Oberst geht im Text eindeutig vom Anderen aus, der ja den Überlebenswillen verkörpert. Aber es ist eine seltsame Sache mit dieser »Verantwortung«: Einerseits reduziert sie sich komplett auf jenen Befehl, mit welchem der Oberst den Unteroffizier Beckmann mit zwanzig Mann auf Walderkundung schickte. Einerseits wird der Befehl des Obersts wie ein Gegenstand aufgefasst, der einfach weitergereicht wird. Wenn ihn der eine hat, hat ihn der andere nicht mehr, und umgekehrt. Doch kein Vorgesetzter kann sich durch einen Akt des Sprechens einer (Gesamt-)Verantwortung entziehen. »Verantwortung läßt sich weder ausgeben noch zurückgeben. Sie läßt sich wahrnehmen oder nicht wahrnehmen.«[57]

Andererseits gibt es im ganzen Text keinen Hinweis darauf, dass sich Beckmann abseits dieser Situation in seinem Handeln als Soldat für irgendetwas

56 Brief an Carl Hager, 1.7.1946, in: Borchert (s. Anm. 2), S. 185.
57 Schröder (s. Anm. 31), S. 75.

verantwortlich gefühlt hätte, ob es denn befohlen war oder nicht. Dies entsprach freilich einer in den Jahren 1946/47 vielgeübten Praxis bis in die obersten Ränge, »bis alle Schuld bei der angekohlten Leiche eines Hitler landet«.[58] Die Abwälzung von Schuld auf andere lag im Zeitgeist und Borchert machte in seinem Drama darin keine Ausnahme. Dennoch sollte man diesen Aspekt auch nicht verabsolutieren. Ebenso wichtig ist, dass Borchert seinen Beckmann in verworrenen und verwirrenden Zeiten durchaus auf eine Reise wenn nicht der Selbstfindung, so doch der Selbstsuche schickt.

Entlastungsstrategie

Einige der vorhin entfalteten Textanalysen können somit jetzt sorgfältig ergänzt und korrigiert werden. Die bruchstückhafte, abgehackte Sprache: eine Sprache im Übergang, die mit der alten, verlogenen gebrochen hatte, ohne schon eine neue, wahrhaftige gefunden zu haben. Die Ambivalenz von Drinnen und Draußen: Beckmann weiß oder ahnt, dass er zu den Alten in ihren Verschanzungen nicht mehr gehören kann – seine individuelle (Er-)Lösung würde von der Straße kommen. Gott und Tod: Dieser zurechtgelogene Gott gehört einer bestimmten abgetanen Zeit an und kann schon deshalb nicht gegenüber einer existenziellen Unbedingtheit bestehen. Traum und Realität: Seid misstrauisch selbst gegenüber dieser fatalen Entgegensetzung aus einer untergegangenen Epoche. Überlasst es der Kriegsheimkehrergeneration, geeig-

Neubewertung der textanalytischen Befunde

58 Schröder (s. Anm. 31), S. 75.

netere Begriffe zu bilden, welche die Totalität des Lebens zu umspannen in der Lage sind. Materieller Entbehrung, geistiger Zerrüttung, ideeller Entwertung, dem bleichen Tod ins Auge geblickt zu haben, könne diese neue Welt nur wahrhaftiger werden lassen.

Reden vom Mord und vom Mörder

Wieso sollte man Borcherts Drama heute noch lesen? So weit uns die Kriegs- und unmittelbare Nachkriegszeit auch entrückt ist, kann uns doch die existenzielle Schuldproblematik eines Menschen im Übergang von einer Welt, von einer persönlichen Bewusstseinsstufe in die andere interessieren. Was haben wir getan, um die Welt eine bessere zu machen, was haben wir unterlassen? Im Schlussmonolog scheint Beckmann allmählich, aber noch diffus und widersprüchlich, die selbstmitleidige Opferhaltung abgestreift und sich zu einem Selbstbild durchgearbeitet zu haben, das empfänglicher für das Leid der Mitmenschen geworden ist: »Und der Mörder Beckmann hält das nicht mehr aus gemordet zu werden und Mörder zu sein.« (S. 84)

Appell zur Selbstverantwortlichkeit

Auf die letzten Fragen des existenziellen Geworfenseins, – »Wer schützt uns davor, dass wir nicht Mörder werden?« (S. 84) / »Soll ich mich weiter morden lassen und weiter morden?« (S. 85) – kann es für Borchert keine deutlichen Antworten geben, sondern nur Wege, die das Leben weist. Insofern ist es konsequent, dass auch der Andere nicht mehr da ist und auch sonst keiner mehr eine Antwort hat, denn wir alle sind auf eine Selbstverantwortlichkeit zurückverwiesen, die nur in einer ständigen, jetzt angstbefreiten Selbstbefragung bestehen kann, ob wir stets richtig handeln. Ob wir aneinander als Menschen schuldig werden, ist durch uns beeinflussbar. Borchert-Beckmann konnten sich der blinden und dunklen Flecken auf ihrem Schuldbrief noch nicht bewusst werden. Doch das spricht nicht gegen die Wichtigkeit der Botschaft, ja regt im Gegenteil dazu an, sie immer neu zu lesen und zu verstehen.

7. Autor und Zeit

Prägung durch den Krieg – früher Tod

Es gibt wohl keinen Autor der deutschen Literaturgeschichte, der so ausschließlich durch ein historisches Großereignis geprägt wurde wie Wolfgang Borchert durch den Zweiten Weltkrieg. Dies liegt natürlich vor allem – aber nicht nur, wie hier zu zeigen ist – an seinem frühen Tod.

Elternhaus und Kindheit

Wolfgang Borchert wurde am 20. 5. 1921 in Hamburg geboren. Er war ein Einzelkind. Seine Eltern waren Fritz und Hertha Borchert, er Volksschullehrer, sie Hausfrau und Heimatschriftstellerin. Seine Kindheit verlief mehr unter dem Einfluss der extrovertierten, zu Stimmungsschwankungen neigenden Mutter. Der Vater war eher ein zurückhaltender und kränklicher, doch verantwortungsbewusster Mann. Borchert wurde wie damals bereits viele Großstadtkinder kaum noch unter christlich-religiösen Vorzeichen erzogen.

Extravaganzen der Jugendzeit

Verlief seine Entwicklung als Kind noch unauffällig, eignete sich Borchert als Schüler einige exzentrische Verhaltensweisen an. Er galt unter den Gleichaltrigen als Spaßmacher mit einem Talent für Stimmenimitation. Er inszenierte sich selbst als Außenseiter, der einen extravaganten Kleidungsstil an den Tag legte und in provozierender Aufmachung die Theater seiner Heimatstadt unsicher machte. Seine schulischen Leistungen litten entsprechend, sein Abgangszeugnis vom Dezember 1938 verzeichnet reihenweise mangelhafte und ungenügende Leistungen.

Abb. 7: Wolfgang Borchert, Fotografie: Rosemarie Clausen – © akg-images

Statt Schauspieler zu werden, wie er es selbst wünschte, begann Borchert erst einmal eine Buchhändlerlehre – eine Art Kompromiss zwischen ihm und seinen Eltern. Zu dieser Zeit, zu der die Nationalsozialisten ihre Herrschaft über Deutschland bereits gesichert hatten, war es nicht mehr ohne Risiko möglich, allzu offensichtlich seine persönlichen Freiheiten über den Zwang zur Gemeinschaft zu stellen. Ein missverstandenes Gedicht, das er einer Buchhändlerkollegin vorgelesen hatte, ließ den jungen Hallodri ins Visier der Gestapo, der Geheimen Staatspolizei, geraten und bescherte ihm im April 1940 eine erste Nacht auf der Polizeiwache.

Anecken bei der Staatsmacht

Borchert, dessen frühe dichterische Produktion keine überragende Begabung oder Kreativität erkennen ließ, widmete all seine überschüssige Energie zunächst der Welt des Theaters. Er besuchte eine Schauspielschule und schloss sie mit Zertifikat ab. Er lernte wie ein Besessener Rollen, zog durch die Kneipen, trank viel, schlief wenig. Ende 1940 erhielt er nach einer Prüfung vor einer Kommission der Reichstheaterkammer ein Diplom und ein Engagement für die Lüneburger »Landesbühne Osthannover«. Die Buchhändlerlehre brach er ab. Gerade als die Wanderbühne zur Truppenbetreuung nach Belgien beordert wurde, erhielt Borchert seinen Einberufungsbefehl. Auf dem Hof seiner Kaserne in Weimar entwickelte Borchert einen lodernden Oppositionsgeist gegen den Drill, gegen den Krieg. Im Herbst 1941 kam Borchert an die Ostfront und im Raum Klin-Kalinin zum ersten Feindeinsatz.

Beginnende Schauspielkarriere

Im Winter 1941/42 kam Borchert von einem Postengang mit einer Schussverletzung am Mittelfinger der linken Hand zurück. Es bestand ein begründeter Verdacht, Borchert habe sich die Schussverletzung selbst zugefügt, sodass ein Prozess gegen ihn angestrengt wurde, der im Juli 1942 in Nürnberg stattfand. Es gab nur zwei mögliche Urteile: Todesstrafe oder Freispruch. Borchert fand einen milden Richter, hatte

Der erste Prozess 1942

Abb. 8: Wolfgang Borchert als Schauspielschüler 1939 – © Staats- und Universitätsbibliothek Hamburg Carl von Ossietzky

sich wegen einiger »staatsgefährdender« kritischer Briefe und Äußerungen aber noch einmal in einem weiteren Prozess zu verantworten. Nach sechs Wochen verschärfter Haft musste sich der Delinquent an der Front bewähren.

Zurück an der Ostfront, nahm Borchert in der Nähe von Toropez ab November 1942 an harten Panzerkämpfen teil. Mit Fieberanfällen, die von nun an periodisch auftraten, kam er in das fürchterliche Seuchenlager Smolensk. Von dort aus wurde der Kranke zurück nach Deutschland transportiert. Monate verbrachte er im Reservelazarett in Elend/Harz. Nach einem kurzen Zwischenstopp in seiner Garnison in Jena machte er im August 1943 Urlaub im heimatlichen Hamburg,

Kampfeinsatz – Krankheit – Hamburg

das kurz zuvor durch den »Feuersturm« nahezu komplett ausradiert worden war. Im kleinen Lokal »Bronzekeller« neben einem Obdachlosenasyl trat er mit Songs und Gedichten auf, die an Ringelnatz erinnerten.

Die relative Freiheit, die er in Hamburg erlebte, hatte die Träume und Pläne Borchert wachsen und ihn leichtsinnig werden lassen. Zurück in seiner Kaserne, sollte Borchert dienstuntauglich geschrieben und an ein Fronttheater abgestellt werden. Am Vorabend des Entlassungstags parodierte er auf seiner Stube den Reichspropagandaminister Joseph Goebbels und wurde denunziert. Die Untersuchungshaft in Berlin-Moabit, die im Januar 1944 begann, war die pure Hölle: der Aufenthalt in der Gemeinschaftszelle stupide, die hygienischen Verhältnisse unerträglich, bei Fliegeralarm wurden die Inhaftierten nicht in einen Luftschutzkeller gebracht. Unter Anrechnung der verbüßten Zeiten wurde Borchert unter Auflage erneuter »Feindbewährung« im September 1944 aus der Haft entlassen.

■ Der zweite Prozess 1944

Die Monate, in denen er zwischen Gefangenschaft und erneutem Kriegseinsatz in der Luft hing, verbrachte Borchert in Jena. Es war eine Zeit der Lektüre, des Briefeschreibens, des Neuanknüpfens mit alten Freunden. Eine Kompanie, der Borchert zu Beginn des Jahres 1945 zugeteilt wurde, löste sich bald nach ihrer Zusammenstellung wieder auf. Die Reste kamen in französische Kriegsgefangenschaft, aus der Borchert entkam und begann, sich Richtung Norden durchzuschlagen. Einmal markierte er den Verrück-

■ Der Weg nach Hause

ten, um nicht wieder in Kriegsgefangenschaft zu geraten. Jenseits der Elbe, am Zollenspieker, betrat er wieder Hamburger Boden – seine Mutter holte den komplett Erschöpften ab und begleitete ihn nach Hause.

Das Kriegsende im Mai 1945 verbrachte Borchert wieder einmal mit dem Schmieden von Zukunftsplänen. Mit drei Freundinnen und einem Freund gründete er das Hinterhoftheater »Die Komödie«. Ab Ende September trat er als »junger Weltenbummler« im Kabarett »Janmaaten im Hafen« auf. Seine Krankheit verschlimmerte sich täglich und er wurde so hinfällig, dass er die Bühne nur noch auf allen vieren erkriechen konnte.

■ Kabarett nach Kriegsende

Im Winter 1945/46 begann eine Odyssee durch die Hamburger Krankenhäuser, in denen ihm niemand helfen konnte. Die Eltern holten ihn wieder zu sich. Durch das ganze Jahr 1946, in dem er literarisch extrem produktiv war, verließ er sein Zimmer in der Alsterdorfer Carl-Cohn-Straße nur noch selten. Doch er empfing Gäste, für die er stets einen »guten Eindruck« zu machen bemüht war. Er wusch sich täglich selbst und kleidete sich an. Zeitungen begannen seine Geschichten und Gedichte zu publizieren – für den Sterbenskranken eine wichtige erste Ahnung sich abzeichnenden Nachruhms.

■ Das Hamburger Krankenlager

Ende 1946 oder Anfang 1947 schrieb Borchert das Schauspiel *Draußen vor der Tür*. Die Hörspielfassung feierte am 13. Februar Rundfunkpremiere und war eine Sensation. Im Nachhinein wurde der kurz zuvor erschienene Gedichtband *Laterne, Nacht und Sterne*

■ *Draußen vor der Tür* – das Hörspiel

Abb. 9: Theaterzettel *Draußen vor der Tür* (Uraufführung 21. November 1947)

wohlwollend besprochen. Dutzendweise trafen bewundernde Briefe, willkommene und unwillkommene Besucher ein. Dem Sohn wurde das alles zu viel, sodass die Eltern ein strenges Einlassmanagement etablieren mussten.

Kurzgeschichten und Anti-Kriegs-Manifest

Die Produktivität Borcherts blieb auch im Jahr 1947 hoch. Er trug sich mit der Absicht, einen Roman zu verfassen. Als Prolog zu einem nicht realisierten Hörspiel entstand *Dann gibt es nur eins!*, ein Text, der, zunächst unveröffentlicht, trotzdem einer der Klassiker des deutschen Pazifismus werden sollte. Jede der vierzehn kleinen Figurenskizzen, darunter eines Dichters, eines Arbeiters, eines Arztes, eines Schneiders, der Mütter, endet mit einem geschmetterten »Sag NEIN!« – Verweigert euch dem Krieg.[59]

Lange verschoben, konnte der Kranke im September 1947 endlich nach Basel in das katholische Clara-Spital geschafft werden, wo bessere Medikamente und Nahrung zur Verfügung stehen sollten. Doch auch dieser Aufenthalt stand unter keinem guten Stern: Borchert fühlte sich in der neuen Umgebung fremd und unglücklich, Pfleger und Schwestern standen ihm, dem glaubensfernen Protestanten, ablehnend gegenüber. Dennoch gelang es Borchert auch in Basel, wo ihn noch keiner kannte, eine Reihe von Menschen zum Austausch um sich zu sammeln, darunter den studierten Theologen Martin F. Cordes, mit dem er sich lebhafte weltanschauliche Auseinandersetzungen lieferte.

Krankenbett zu Basel

Laut der letzten Diagnose durch die Basler Ärzte litt Borchert an einer von Geburt an überempfindlichen Leber, die durch die Mangelernährung der Kriegs- und Nachkriegszeit allmählich außer Funktion gesetzt worden war. Im Laufe des 18. November 1947 traten erneut starke Blutungen auf. In der Nacht vom 19. auf den 20. November starb er, nach stundenlanger Bewusstlosigkeit, schmerzfrei und kampflos. Borchert wurde wenige Tage später auf dem Basler Hörnli-Friedhof eingeäschert, die Urne am 17. Februar 1948 auf dem Ohlsdorfer Friedhof in Hamburg beigesetzt.

Diagnose und Tod

59 Wolfgang Borchert, »Dann gibt es nur eins!«, in: Borchert (s. Anm. 10), S. 527–530.

8. Rezeption

Kontroverse um das Hörspiel

Am 13. Februar 1947 sendete der Nordwestdeutsche Rundfunk das Hörspiel *Draußen vor der Tür* im Abendprogramm. Es sind etwa 150 Hörerbriefe erhalten, die in der Folge beim Sender eingingen. »Sie ermöglichen einen Einblick in die Situation des Frühjahres 1947, erhellen schlaglichtartig die Verfassung der Menschen im geteilten Nachkriegsdeutschland, sind Momentaufnahmen einer Gesellschaft, der es nur mühsam gelang, die Wahrheit des Krieges und seiner Folgen zu begreifen und sich ihr zu stellen.«[60]

Geteilte Hörerreaktionen

Glühende Zustimmung und krasse Ablehnung hielten sich weitgehend die Waage. Eine Hörerin schwärmte: »Ja, das war sie ja, die Wahrheit, die furchtbare Wahrheit, ungeschminkt und nackt. Ein Schrei aus der Not der Jugend, unserer Not.«[61] Andere fühlten sich durch Borchert in ihrer Seelenruhe aufgeschreckt. Ihr Wunsch nach Vergessen wirkt übermächtig, in ihrer Sprache lebt oft noch das Dritte Reich weiter. Borchert wird irgendwo zwischen »Entarteter Kunst« und Wehrkraftzersetzung eingeordnet: »Wenn dieser Herr Beckmann in den ersten Minute(n) des Hörspiels versoffen wäre, – es wäre

60 Bernd M. Kraske, »*Draußen vor der Tür*. Anmerkungen zur Hörspiel-Rezeption«, in: Wolff (Hrsg.) (s. Anm. 1), S. 38–55, hier S. 47.

61 Brief einer Hörerin an den NWDR, in: Kraske (s. Anm. 60), S. 54.

vielen Hörern ein widerliches Spiel erspart geblieben.«[62]

Im Juni 1947 druckte die *Hamburger Akademische Rundschau*, herausgegeben von Karl Ludwig Schneider, der dem Hamburger Zweig der Widerstandsgruppe »Weiße Rose« angehört hatte, die »Oberst-Szene« ab. Dies rief die Kritik des ehemaligen Offizierskorps auf den Plan, es habe hier die Rolle des »Prügelknaben« zu spielen, ein ganzer Stand werde diffamiert, »der von jeher mehr Verantwortung zu tragen hatte«.[63] Andere Kritiker wandten sich gegen die Verhöhnung Gottes, die aus *Draußen vor der Tür* spreche.

Abdruck der »Oberst-Szene«

War Borchert nun also das ganze Jahr 1947 im literarischen Deutschland kein ganz Unbekannter mehr, trug doch vor allem die spezielle Konstellation rund um die Uraufführung in den Hamburger Kammerspielen am 21. November 1947 dazu bei, einen besonderen »Borchert-Mythos« auszuformen. Am Tag zuvor war Borchert im Baseler Clara-Spital gestorben. Die Todesnachricht wurde vor der Aufführung von der Bühne herab verkündet und »besiegelte die Dignität des dargestellten Leidens«.[64] In Borchert schien sich das Schicksal einer »verlorenen Jugend in einem zerschlagenen Lande«[65] final verwirklicht zu haben.

Uraufführung am Tag nach Borcherts Tod

62 Brief eines Hörers an den NWDR, in: Kraske (s. Anm. 60), S. 48.
63 Brief an Karl Ludwig Schneider, in: Kraske (s. Anm. 60), S. 50.
64 Clausen (s. Anm. 53), S. 225.
65 So Borcherts Verleger Meyer-Marwitz, zit. nach Clausen (s. Anm. 53), S. 225.

Im Grunde durchzieht seitdem die gesamte Borchert-Rezeption ein »illiterates Wirkungsmoment«.[66] Sein Werk wurde immer auch in historischen, kulturellen und sozialpsychologischen Kontexten verortet. Für ein Publikum, das sich selbst als Opfer der Umstände in Nationalsozialismus und Nachkriegszeit erkennen wollte, bot das Borchert-Bild ein »Identifikationsmodell«.[67] Die Beckmann-Tragödie auf der Bühne und die Lebenstragödie des missbrauchten, verratenen und geschundenen Schriftstellers wurden bereitwillig in eins gesetzt.

■ Borchert-Beckmann als Identifikationsmodell

Frappierend ist, wie sehr man sich auch in Bezug auf den künstlerischen Wert von Borcherts dramatischem Hauptwerk nie ganz sicher war. Ein früher Beobachter wie der bekannte Berliner Kritiker Friedrich Luft war keine Ausnahme: »Unser betrachtendes Mitleid« sei schon »nach den ersten mit Symbolismen vollgestellten Bildern sehr erschöpft. [...] Der Rest ist eine Qual, ein neurotisches Lamento bis zum vagen Ende mitanhören zu müssen.«[68] Ein Rezensent sprach davon, das Stück sei »ein szenisches Mißverständnis«[69], ein anderer, es sei »eine Verkennung des Theaters«[70]. Die wissenschaftliche Germanistik tat sich in

■ Ästhetische Verlegenheiten mit dem »Schulbuchautor«

66 Clausen (s. Anm. 53), S. 225.
67 Clausen (s. Anm. 53), S. 226.
68 Gordon J. A. Burgess / Hans-Gerd Winter, »Einleitung«, in: Burgess (Hrsg.) (s. Anm. 8), S. 13.
69 Wolfgang Linder, in: *Bonner Universitätszeitung* 25/2 (1948), zit. nach Gullvåg (s. Anm. 7), S. 49.
70 Fritz Erpenbeck, in: *Vorwärts* 22/4 (1948), zit. nach Gullvåg (s. Anm. 7), S. 49.

der Folge immer schwer mit Borchert, während er als »Schulbuchautor« einerseits zunehmend populär, andererseits immer ein wenig abgeschoben wurde.

Borchert spaltete – nach der Premiere gab es deshalb ebenso viele Lobeshymnen. Doch oft scheint eher die Stimme seiner Zeit ruhmeswürdig: »Eine seltene Sprachkraft hat ein Bild der Erlebnisse nicht nur eines einzigen, sondern einer ganzen Generation«[71] geschaffen. Häufiger ist es der authentische Zugang des Kriegsheimkehrers, der geschätzt wird: »Dieser Verzweiflungsmonolog hat seine innere Berechtigung.«[72] Späteren Interpreten gelang auch die Wiederentdeckung Borcherts als Sprachkünstler, der ein Register vom expressionistischen Pathos bis zur neusachlichen Nüchternheit beherrschte: Die alte Sprache war verloren, eine neue noch nicht gefunden – dazwischen suchte Borchert.

■ Borchert als Zeitdiagnose

Dem Mythos um den »unvollendeten«, leidenden Dichter kam auch die pazifistische Schrift der letzten Lebensmonate *Dann gibt es nur eins!* zupass. Auf der anderen Seite stand das Thema der Kriegsheimkehr als dem »zentralen Phantasma in der Frühgeschichte der Bundesrepublik Deutschland«[73]. So wurde der tote Wolfgang Borchert ihr führender Friedens- und Heimatdichter. Die sich bildende Schriftstellerverei-

■ Friedens- und Heimatdichter

71 W. Schirrmacher, in: *Der Ruf* (1948), zit. nach Gullvåg (s. Anm. 7), S. 50.
72 M. Schm., in: *Westfälische Rundschau* 28/2 (1948), zit. nach Gullvåg (s. Anm. 7), S. 50.
73 Schütz (s. Anm. 26), S. 197.

nigung »Gruppe 47« schmückte sich mit seinen Federn, sein Werk wurde »zur Vorlage der deutschen Trümmer- und Kahlschlagliteratur«[74], er selbst, der nichts mehr dazutun konnte, laut Reinhard Baumgart sogar der »›spiritus rector‹ der sogenannten Stunde Null«[75].

Film- und Aufführungsgeschichte

Bereits 1949 entstand mit *Liebe 47* aus Motiven des Stücks ein weitgehend erfolgloser Film. Regisseur Wolfgang Liebeneiner, der schon die Uraufführung in den Kammerspielen verantwortet hatte, dichtete dem Plot der Vorlage ein Happy End hinzu. Die Aufführungspraxis von *Draußen vor der Tür* unterlag charakteristischen Konjunkturen, die mit öffentlichen Debatten um Krieg und Frieden korrespondierten. Allein im Jahr 1957, ein Jahr nach dem Beginn des Aufbaus der Bundeswehr, gab es bundesweit volle elf, 1979–81, zu Beginn der Nachrüstungsdebatte, insgesamt 22 Inszenierungen.[76] Zweifellos war *Draußen vor der Tür* in der alten Bundesrepublik eines der meistgespielten Dramen überhaupt.

Bundesdeutsche Erinnerungskultur im Umbruch

Eine tiefgreifende Neuausrichtung der Borchert-Rezeption trat mit dem Wandel der bundesdeutschen Erinnerungskultur seit den 1980er Jahren ein. Die ersten drei Jahrzehnte der Bundesrepublik hatten

74 Calzoni (s. Anm. 28), S. 212.

75 Reinhard Baumgart, zit. nach Calzoni (s. Anm. 28), S. 212.

76 Vgl. Jan Philipp Reemtsma, »Generation ohne Abschied. Wolfgang Borchert als Angebot«, in: J. P. R., *Der Vorgang des Ertaubens nach dem Urknall. 10 Reden und Aufsätze*, München 1998, S. 24–61, hier S. 25.

»unter dem Ruch der Verdrängung der Vergangenheit gestanden«[77], jetzt begann man sich dem Leid der Opfer der deutschen Politik zwischen 1933 und 1945 zu öffnen. Bundespräsident Richard von Weizsäcker konzipierte den 40. Gedenktag der Kapitulation am 8. Mai 1985 nicht mehr als Tag der Niederlage, sondern als Tag der Befreiung. Nach der deutschen Einheit 1990 warnten Kommentatoren verstärkt vor Exzessen von Nationalismus, Ausgrenzung und Geschichtsvergessenheit.

Unverhofft geriet Wolfgang Borchert und speziell sein Anti-Kriegs-Drama *Draußen vor der Tür* in den Strudel geschichtspolitischer Auseinandersetzungen. In einem polemischen Aufsatz rechnete Jan Philipp Reemtsma 1992 mit dem seines Erachtens gefühligen Kitsch und der politischen Naivität des Stückes ab.[78] Beckmann personifiziere die »adoleszente Ambivalenz« zwischen Kindheit und Erwachsenenalter: süchtig nach Bindung, ohne sich eigener Verantwortung stellen zu müssen. Darin spiegelten sich die Verdrängungsmechanismen der gesamten Nachkriegsgesellschaft: »[…] in diesem Beckmann hat sich ein Publikum in seiner regressiven Haltung und seinem pubertären Geschmack wiedergefunden.«[79]

Reemtsmas Borchert-Kritik

77 Jörg Friedrich, *Die kalte Amnestie. NS-Täter in der Bundesrepublik*, Berlin 2007, S. 1, zit. nach Raul Calzoni, »Einleitung zu ›Krieg und Zivilisationsbruch‹«, in: Agazzi/Schütz (Hrsg.) (s. Anm. 25), S. 141–152, hier S. 145.

78 Vgl. Reemtsma (s. Anm. 76).

79 Reemtsma (s. Anm. 76), S. 42.

Borchert – ein ewig Gestriger?

Noch mehr: Für Borchert gebe es überhaupt nur deutsche Opfer. »Die Verantwortung ist nur ein Problem, wenn es um deutsches Leben geht, Schuld gibt es nur, wenn Deutsche verwundet werden oder sterben.«[80] Auch der Massenmord an den Juden sei ihm völlig gleichgültig: Die rohe Frau Kramer werde mit dem moralischen Zeigefinger verurteilt, während der antisemitische Vater in die große Zahl der (deutschen) Opfer eingereiht werde, »sonst nichts«.[81] Selbst den Pazifismus Borcherts hielt Reemtsma für bloß deklamatorisch, zeugten Interviewäußerungen Borcherts doch von »extremer nationalistischer Aggressivität«.[82]

Eingeengter Blick Borcherts

Reemtsma, dessen Wehrmachtsausstellung Mitte der 90er Jahre die Verbrechen der »einfachen deutschen Soldaten« an den unterjochten Völkern in den Mittelpunkt der öffentlichen Aufmerksamkeit rücken ließ, eröffnete einen bis heute einflussreichen Deutungsstrang der Borchert-Rezeption. Der Historiker Peter Reichel formulierte 2004 weniger engagiert, aber in der Sache ebenso klar: »Der selbstmitleidige Blick auf die Opfer des Krieges kann zunächst nur die eigenen, die deutschen Kriegstoten erkennen und anerkennen. Hinter ihnen verschwinden die Opfer der nationalsozialistischen Gewaltverbrechen.«[83]

80 Reemtsma (s. Anm. 76), S. 44.
81 Reemtsma (s. Anm. 76), S. 54.
82 Reemtsma (s. Anm. 76), S. 57.
83 Peter Reichel, *Erfundene Erinnerung. Weltkrieg und Judenmord in Film und Theater*, München/Wien 2004, S. 51.

Wie schwer die Angriffe Reemtsmas abzuwehren waren, sieht man an den wenigen Versuchen einer stringenten Widerlegung. Auf einer Konferenz anlässlich des 60. Todestages von Borchert im Jahr 2007 stellte Wolfgang Beutin in der deutschen Borchert-Rezeption eine borchertfeindliche »Kriegspartei« der von Borcherts Anti-Kriegs-Dichtung ausgehenden »Friedenspartei« gegenüber. Reemtsma stelle sich in die erste Tradition, der auch nationalsozialistische Kriegsverbrecher wie Hans Egon Holthusen angehörten. Beutin belegt dies mit der Rolle von Reemtsmas Hamburger Institut für Sozialforschung im Jugoslawien-Krieg: »Reemtsma selber organisierte [...] eine Konferenz, die zum Ziele hatte, als Ergänzung des Luftkriegs auf dem Balkan den Bodenkrieg zu popularisieren.«[84]

»Kriegspartei« gegen »Friedenspartei«?

Mit dem 2022 begonnenen Russland-Ukraine-Krieg fand diese Auseinandersetzung eine bezeichnende Neuauflage. In seiner letzten Rede als Präsident der Schriftstellervereinigung PEN reflektierte ihr Präsident Deniz Yücel über die Zerrissenheit der deutschen Friedensbewegung zwischen dem »Nie wieder Krieg« Borcherts und dem »Nie wieder Faschismus« Paul Celans. Kaum ein anderer Text, so Yücel, dürfte

Doch wieder Krieg?

84 Wolfgang Beutin, »Wolfgang Borcherts dichterisches Werk in der Tradition der europäischen Friedensliteratur«, in: *Dann gibt es nur eins! Von der Notwendigkeit, den Frieden zu gestalten. Beiträge der Konferenz anläßlich des 60. Todestages von Wolfgang Borchert*, hrsg. von Heidi Beutin, Wolfgang Beutin, Heinrich Bleicher-Nagelsmann und Holger Malterer, Frankfurt a. M. [u. a.] 2008, S. 17–40, hier S. 21.

in der alten Bundesrepublik »mehr junge Männer endgültig dazu ermutigt haben, den Dienst an der Waffe zu verweigern«[85], als Borcherts »Sag NEIN!«. Doch handle es sich dabei um eine sehr deutsche Sichtweise, nicht die der befreiten Juden, politischen Häftlinge und Kriegsgefangenen. Schon Borchert hätte sich im Jahr 1947 die Frage aufdrängen können, »ob es moralisch das Richtige gewesen wäre, wenn auch die Männer, die Auschwitz und Buchenwald befreiten, ›Nein‹ gesagt hätten«. Er, Yücel, halte das »Nie wieder Faschismus« für die haltbarere historische Lehre. Für hohe Werte Krieg zu führen, sei legitim und geboten.

Die »illiteraten Wirkungsmomente« drängen sich vielleicht, je länger der Tod des Autors zurückliegt, umso mächtiger auf. Auch der Nürnberger Germanist Theo Elm registrierte die »Verlegenheiten«, vor denen eine vorwiegend ästhetische Borchert-Rezeption steht. Aus dem Befund, dass Borchert immer schon weniger als literarischer denn als kultureller Repräsentant der frühen Bundesrepublik verstanden wurde, leitete er vier Argumente ab, warum solche Lesarten auch unsere Lektüre in Gegenwart und Zukunft bestimmen sollten: Er übertreffe die Fach-Historie in Anschau-

Für eine »kulturelle« Borchert-Rezeption

85 Deniz Yücel, »›Nie wieder Krieg‹ oder ›Nie wieder Faschismus‹? PEN-Eröffnungsrede«, in: *Die Welt* (17. 5. 2022), www.welt.de/kultur/article238803163/Deniz-Yuecel-Nie-wieder-Krieg-oder-Nie-wieder-Faschismus.html (Stand: 7. 11. 2023). Dieses und das folgende Zitat stammen aus dem Artikel.

Abb. 10: Beckmann und sein Alter Ego in Bedrängnis, Inszenierung des Schauspiels Wuppertal – © Foto: Uwe Schinkel

lichkeit, er wende die Existenzphilosophie menschheitsoptimistisch um, er schlage in Abgrenzung zu hochfliegenden Theorien der akademischen Pädagogik eine ganz einfache »Erziehung zur Kindlichkeit« vor, und von seiner Poetik des Mitleids gehe eine enorme moralische Kraft aus. Borchert, so Elm weiter, fordere zuallererst für seinen Beckmann »den Akt der Solidarität oder doch die aufgeschreckte Empfindung für die Verletzung jener Menschenwürde, die wir alle für uns beanspruchen«.[86]

86 Theo Elm, »*Draußen vor der Tür*: Geschichtlichkeit und Aktualität Wolfgang Borcherts«, in: Burgess (Hrsg.) (s. Anm. 8), S. 262–279, hier S. 276.

9. Prüfungsaufgaben mit Lösungshinweisen

In der Mittelstufe (Kl. 7–10) ist aus Borcherts Werk nach wie vor die Behandlung der Kurzgeschichten zu empfehlen. Die relative Ereignislosigkeit des Theaterstücks und die Fremdheit der Beckmann-Figur würde bei jüngeren Schülern eher Widerwillen hervorrufen. Ab Klasse 11 ergeben sich deutlich mehr Möglichkeiten, sich dem Gehalt des Stücks auf allen Ebenen (sprachlich, symbolisch-motivisch, thematisch, psychologisch und philosophisch, ereignis- und geistesgeschichtlich) zu nähern.

Vorgeschlagen werden zwei sehr verschiedene Klausurthemen. Das erste stellt den biografischen und geistigen, das zweite den thematischen und historischen Horizont in den Vordergrund.

Klausurvorschlag 1

Textgrundlage:
Brief Wolfgang Borcherts an Max Grantz, 27. Februar 1947

»Verehrter Herr Dr. Grantz!

Sie haben recht: Mein Stück ist noch nicht gut, wenn Sie das rein Formale damit meinen. Wenn Sie aber den Inhalt meinen, muß ich Ihnen widersprechen. Es lag mir nichts daran, ein *gutes* Stück zu schreiben. Es sollte nur wahr und lebendig sein und das aussagen, was einen jungen Menschen heute bewegt.

Sicher sind Sie mit 55 Jahren noch nicht alt. Aber Sie vergessen eins, wenn Sie meine Auffassung von Gott töricht nennen. Das ist dies: Als Kind wächst man mit einer Gottes-Vorstellung auf, die in ihm eine *persönliche* Macht sieht, die uns in unserer Not beisteht und das Böse nicht zuläßt. Das Kind kann das göttliche Gesetz in sich selbst noch nicht begreifen, es sieht in Gott immer etwas, das außer ihm ist. Weder die Schule noch die Kirche oder das Elternhaus klären das Kind auf, daß diese Gottesvorstellung falsch ist und so muß der junge Mensch mit zunehmender Reife eines Tages die Erfahrung machen, daß es *diesen* Gott nicht gibt, daß es keine Macht gibt, die uns beisteht, die sich herbeiflehen läßt und das Böse verhindert. Oder wollten Sie das behaupten? Nun antworten Sie mir: Das Göttliche ist in uns und in allem Leben. Ja, wo sollte es anders sein. Aber nun sagen Sie mir auch, wie soll ein junger Mensch unserer Zeit, der erkennt, daß seine kindische Gottesvorstellung falsch war, der durch *diesen* Krieg und *diesen* Frieden hindurchgeht, wie soll er an das Gute, an das Göttliche glauben? Dazu bedarf es sicher einer großen inneren Reife und Festigkeit – und einer gewissen bürgerlichen Ruhe. Diese Eigenschaften aber kann und soll ein junger Mensch nicht haben. Das ist meine Antwort auf Ihren Vorwurf – und ähnlich würde sie auch auf Ihren Vorwurf, daß ich die Liebe von Mensch zu Mensch verkenne, ausfallen. Stehen wir denn nicht aber ›vor der Tür‹? Geistig, seelisch, beruflich? Haben wir Jungen nicht alle ein Stück Beckmann in uns?

Beckmann geht am Ende nicht in die Elbe. Er schreit nach Antwort. Er fragt nach Gott! Er fragt nach der Liebe! Er fragt nach dem Nebenmann! Er fragt nach dem Sinn des Lebens auf dieser Welt! Und er bekommt keine Antwort. Es gibt keine. Das Leben selbst ist die Antwort. Oder wissen Sie eine?

Wir hätten das mündlich alles viel besser besprechen können, aber ich habe mir 1941 in Rußland ein unheilbares Leberleiden geholt und liege seit Kriegsende ununterbrochen im Bett, so daß ich Ihnen leider keinen Besuch machen kann. Ich möchte Ihnen aber sagen, daß ich mich über Ihre Teilnahme aufrichtig gefreut habe.

Herzlichst!
Ihr W. Borchert«

Wolfgang Borchert: Allein mit meinem Schatten und dem Mond. Briefe, Gedichte und Dokumente. Hrsg. von Gordon J. A. Burgess und Michael Töteberg. Reinbek b. Hamburg: Rowohlt, [2]2003. S. 194–196.

Hintergrund:
Max Grantz war ein Hamburger Oberbaurat, der Borchert nach der Ursendung des Hörspiels am 13. 2. 1947 angeschrieben hatte. Er sei »im Vergleich zu Ihnen ein steinalter Mann – schon fast 55«, sei jedoch »von Ihrer jugendlichen Not und Verzweiflung auf das Tiefste erschüttert«. In der Folge äußert Grantz Kritik am Autor des Stückes: »So wenig wie Gott kennen Sie Liebe. Sie haben scheinbar noch nicht recht erfahren, was die Liebe von Mensch zu Mensch – gerade in diesen Notzeiten – für unerklärliche Wunder zu bewirken vermag. Möchte Ihnen doch auch dieses gnadenvolle Erlebnis zuteil werden.«

Erlaubtes Material: Textausgabe Wolfgang Borchert, *Draußen vor der Tür*, Reclam XL – Text und Kontext.

Arbeitsauftrag 1a: Fassen Sie den Brief Wolfgang Borcherts in seinen Kerngedanken zusammen. (30 %)
Arbeitsauftrag 1b: Analysieren Sie ausgehend von Borcherts Erklärung im Brief das Gottesbild in *Draußen vor der Tür*. (40 %)
Arbeitsauftrag 1c: »Das Leben selbst ist die Antwort.« Diskutieren Sie, ob dies die Botschaft des Stückes ist. (30 %)

Unterrichtszusammenhang:

Der Aspekt der in *Draußen vor der Tür* aufkeimenden Hoffnung sollte im Unterricht behandelt worden sein. Es bietet sich der (auch in der Interpretation dieses Bandes hinzugezogene) Kommentar auf dem Manuskript des Stückes an: »Eine Injektion Nihilismus / bewirkt oft, / daß man aus lauter Angst / wieder Mut zum Leben bekommt.« Parallel könnte diese Dimension auch durch die Lektüre einiger Kurzgeschichten oder die Schrift *Das ist unser Manifest* erschlossen worden sein.

Was die Gottesfigur angeht, so sollte sie zumindest als Gegenspieler zum Tod knapp besprochen worden sein. Außerdem müsste der nihilistische Gehalt thematisiert worden sein.

Mögliche Varianten:

Unter Umständen könnte man es (z. B. bei einer bloß zweistündigen Klausur) bei der Briefpassage S. 113, Z. 27 – S. 114, Z. 2 sowie zwei Aufgaben belassen: a) Hinweise darauf zusammenstellen, dass »das Leben die Antwort« ist, b) diskutieren, ob das ganze Stück in diesem Sinn interpretiert werden muss.

Lösungshinweise

zu Arbeitsauftrag 1a)

- Einleitungssatz: Wolfgang Borchert – Brief – 27. Februar 1947 – legt einem Kritiker sein Gottesbild im Zusammenhang mit dem Erleben der jungen Generation dar,
- Borchert reagiert in dem Brief auf die Kritik eines Hörers, er kenne weder Gott noch Liebe aus eigenem Erleben,
- es sei ihm gar nicht darum gegangen, ein gutes, sondern ein für seine Generation wahres Theaterstück zu schreiben,
- Kinder wüchsen mit einer falschen, personifizierten Vorstellung eines guten Gottes auf,
- die jungen Menschen seiner Kriegs- und Nachkriegsgeneration hätten noch keinen Anlass gehabt, an Liebe und Gott zu glauben,
- Beckmann stehe stellvertretend für die junge Generation, die auf ihre drängenden Fragen noch keine Antwort erhalten, aber immerhin noch nicht aufgegeben habe,

- letztlich könne nur das Leben selbst die Antwort auf die Fragen Beckmanns geben,
- Borchert schließt mit dem Bedauern darüber, dass er aufgrund seiner Krankheit Max Grantz nicht persönlich treffen könne.

zu Arbeitsauftrag 1b)

- Gott erscheint nur in Szene 1 (S. 9–11) und in Szene 5 (S. 63–66) des Stücks, zunächst in Gestalt eines »alten Mannes« als Gegenspieler des Todes, dann mit Beckmann diskutierend und sein Leid klagend. Im Personenverzeichnis ist er als »alte[r] MANN, an den keiner mehr glaubt« (S. 6) angekündigt. Er gehört zu den »symbolischen Figuren« des Stücks.
- Es ist festzustellen, dass der Gott in *Draußen vor der Tür* äußerlich der genannten kindlichen (oder nach Borchert »kindischen«) Gottesvorstellung entspricht (»Alter Mann«). Jedoch wird er darin verspottet (S. 11, 63, 65 f.). Umgekehrt spricht er die Menschen als »meine Kinder« an (z. B. S. 9, 66).
- Doch die Erwartung von uns Lesern (bzw. Hörern), die in diesem Gottesbild erzogen wurden, wird bitter enttäuscht: Gott ist zwar »gut«, gegen das Übel der Welt und des Krieges aber letztlich machtlos (z. B. S. 9, 63). Die Theodizee, also die Antwortversuche auf die Frage, wie Gott das Leiden in der Welt zulassen könne, obwohl er gleichzeitig gut und allmächtig sei, wird dadurch komplett demontiert: Es wird deutlich, dass Gott schlichtweg nicht allmächtig ist (S. 64).
- Was die Beziehung zwischen Gott und den Menschen

anbetrifft, so beklagt Gott, dass sich die Menschen von ihm abgewandt hätten (S. 65), während Beckmann meint, dass er sich häufig an Gott wenden wollte, dort offenbar für ihn aber niemand war (S. 65). Nicht die Menschen müssten in Krisenzeiten Gott treu bleiben, sondern umgekehrt (S. 65).

- Gott und das Göttliche ist für Borchert aber offenbar nicht komplett entwertet. In Anlehnung an Nietzsches Auffassung von den Kirchen als »Grab Gottes« gilt seine Verachtung eher den Menschen, die Gott relativiert und trivialisiert und dadurch sterben lassen hätten (S. 66). Es gelte ein »lebendiges« Gottesbild neu zu gewinnen (S. 65).
- Parallel dazu wird der Tod als »neuer Gott« ins Spiel gebracht. Ihn so bezeichnend, dankt Gott geradezu ab (S. 10). Anders als dem lächerlichen Gott ist Beckmann gestimmt, diesem »neuen Gott« zu folgen (S. 68). Letztlich ist aber wohl weniger der Tod als das Leben die Antwort.

zu Arbeitsauftrag 1c)

Das Ergebnis sollte berücksichtigen, dass Borchert-Beckmann nicht umstandslos in eins gesetzt werden dürfen. Streng genommen und mit sehr subtilem Textverständnis sagt Borchert an der Briefstelle ja auch nur, dass das Leben die Antwort auf die Beckmann-Fragen ist, nicht aber, dass dies auch die im Stück ausgedrückte Botschaft ist. Dennoch ist natürlich die Tatsache, dass der Autor hier selbst eine Deutung liefert, das beste Argument dafür, dass die Aussage richtig ist.

Als Argumente sind vorstellbar:

Pro: Beckmann ertränkt sich nicht in der Elbe – daran dass er (wegen fehlender Wahrheit bzw. ausbleibender Antwort) leidet, sieht man, dass er lieber leben will – Er hat es nicht verlernt, die wichtigen menschlichen Fragen zu stellen (vgl. dazu jeweils auch den Brief, S. 113, Z. 27 – S. 114, Z. 2) – biografische Methode: Optimismus Borcherts auch als kranker Mann und in seinen Schriften (besonders lebenshungrig in *Das ist unser Manifest*) – Bezug zum Motivbestand (Türen, Straße), die für ein zu lebendes Leben stehen – Andeutungen über die Liebe als Ausweg (Kontakt zum Mädchen) – Gestalt des Anderen als positive, vorwärtstreibende, lebendige Seite Beckmanns – häufige positive Verwendung des Begriffs »Leben« – eigene Aktivität, Schuldgefühle und Ängste zu bearbeiten, um irgendwann wieder bereit zu werden zu leben.

Contra: komplette Abstoßung durch Mitmensch und Nachkriegsgesellschaft – nur durch Zufall bzw. Schicksal vereitelter Selbstmord und danach noch Hingezogenheit zum Tod – körperlicher Verfall durch Hunger, Kälte, Schlaflosigkeit – Kriegsversehrtheit und vermutlich lebenslange psychische Labilität – Persönlichkeitszerfall (Entwertung, Entmenschlichung, Austauschbarkeitserfahrungen) – absolute Verlassenheit am Ende des Stückes – Nicht-Loskommen von den schlimmen Kriegserfahrungen (»Mord« an dem Obergefreiten Bauer).

➤ Als Ergebnis der Diskussion ist es je nach Schwerpunkt und Lesart möglich, die Botschaft »Das Leben selbst ist die Antwort« zu bestätigen oder zu verwerfen. Zwar ist festzustellen, dass man, je tiefschürfender und textexterner man interpretiert, desto mehr dem Pro-Urteil zuneigen wird. Dennoch sind Interpretationen mit Contra-Urteil deswegen nicht per se schlechter zu bewerten.

Klausurvorschlag 2

Textgrundlage

»Die unsichtbaren Folgen des Irak-Krieges

Fast jeder vierte US-Soldat, der im Irak oder in Afghanistan stationiert war, leidet unter posttraumatischen Belastungsstörungen. Eine tickende Zeitbombe für die US-Gesellschaft.

Für das US-Militär ist das Posttraumatische Stress-Syndrom kein neues Problem. Zum ersten Mal wurde es nach dem Ende des Vietnam-Kriegs beschrieben. Auf bis zu 375 000 wird die Zahl der Soldaten geschätzt, die unter dem sogenannten PTSD leiden. Doch das ist nur eine Momentaufnahme. Niemand kann voraussagen, ob sich diese Zahl nicht noch verändert, wenn die Kriege erst einmal beendet sind, sagt Matthew J. Friedman. Der Psychiatrie-Professor ist Direktor des Nationalen Zentrums für posttraumatische Belastungsstörungen des US-Ministeriums für Veteranen-Angelegenheiten.

Posttraumatisches Stress-Syndrom oder kurz PTSD ist ein junger Name für ein altes Phänomen. Seit Mitte des 18. Jahrhunderts ist klar, dass Menschen auf traumatische Ereignisse mit Verhaltensänderungen reagieren können. Doch erst durch die Arbeit mit Vietnam-Veteranen in den 80er Jahren wurde PTSD in den USA als eigenes klinisches Krankheitsbild beschrieben, das sich zum Beispiel von Depressionen unterscheidet. Die wichtigste Lehre aus dem Vietnam-Krieg ist, sagt Matthew Friedman, dass PTSD ein chronisches, sehr ernstes und extrem kräftezehrendes Problem sein kann. »Deswegen ist es wichtig, PTSD früh zu erkennen und zu behandeln.«

Das US-Militär hat für seine Truppen dafür eine Routine-Prozedur eingeführt, erläutert Matthew Friedman: »Wenn die Soldaten aus dem Einsatz zurückkommen, werden alle körperlich und psychisch untersucht. Drei bis sechs Monate später wird diese Untersuchung wiederholt. Und wenn die Soldaten das Militär verlassen und in ein Militär-Krankenhaus kommen, werden sie dort ebenfalls auf PTSD, Depressionen, Drogen-Missbrauch und traumatische Hirnverletzungen untersucht.«

Psychische Probleme werden häufig vertuscht

Das Militär hat eine eigene Webseite, die bei der Rückkehr von der Kriegsfront ins normale Leben helfen soll. Wer hier ›PTSD‹ eingibt, sieht einen Film mit dem Titel ›Das Stigma niederreißen‹.

Denn in der westlichen Gesellschaft, sagt Friedman, geben Menschen nicht gerne zu, dass sie psychische Probleme haben. Das gilt besonders für das Militär – und noch viel stärker für Berufssoldaten. Sie haben Angst, ihre Karriere zu gefährden, wenn sie ihrem Vorgesetzten von psychischen Problemen erzählen. Untersuchungen belegen, so Friedman, dass viele Soldaten in anonymen Befragungen zugeben, dass sie psychische Probleme haben. Aber nur ein Viertel von ihnen denkt überhaupt darüber nach, professionelle Hilfe aufzusuchen. Und paradoxerweise nutzen die Soldaten mit den heftigsten Problemen die Hilfsangebote am allerwenigsten.

Den Soldaten müsse klar gemacht werden, erklärt Friedman, dass PTSD nicht ungewöhnlich und kein Zeichen von Schwäche ist. Und vor allem, dass es inzwischen erfolgreiche Therapien gibt. PTSD das Stigma zu nehmen sei also besonders wichtig, sagt der Psychiater: ›Deswegen hat man sowohl bei den Veteranen als auch bei den aktiven Soldaten angefangen, PTSD-Behandlung nicht in einer psychiatrischen Abteilung anzubieten, sondern in einem Gebäude, in dem normale medizinische Hilfe geleistet wird und wo auch Patienten mit einer schlimmen Erkältung oder einem anderen Problem hingehen würden.‹

Prävention ist die beste Medizin

Noch sinnvoller als eine Behandlung ist natürlich die Vorbeugung, die Soldaten also auch auf die psychischen Belastungen während ihres Einsatzes vorzubereiten. Denn niemand käme auf die Idee, so Friedman, sie ohne körperliches Training in den Kampf zu schicken. ›Wir denken inzwischen verstärkt darüber nach, dieses Basis-Training um ein psychologisches Training zu erweitern, um auch hier die Belastbarkeit der Soldaten zu fördern. Eine

Möglichkeit ist, die Menschen auf die Gedanken und Gefühle vorzubereiten, die sie in einem Kriegsgebiet haben werden, und ihnen Wege zu zeigen, wie sie damit umgehen können.‹

Doch auch während des Einsatzes kann das offene Gespräch über das Erlebte helfen, die Geschehnisse besser zu verarbeiten. Das US-Militär hat deshalb Psychiater in die Kriegsgebiete in Irak und Afghanistan gesandt. Und es gibt zwei Faktoren, so erläutert Friedman, von denen die Experten schon seit langem wissen, dass sie die Psyche schützen. Der eine ist ein kompetenter Anführer, der die Soldaten unterstützen und ihnen Vertrauen vermitteln kann. Und der andere ist der Zusammenhalt der Gruppe. ›Je stärker sich eine Person als Teil der Kampfeinheit fühlt und von ihr Unterstützung erfährt, umso größer ist auch der psychologische Schutz.‹

Das gilt auch, so ergänzt Friedman, für die Zeit nach dem Einsatz: Wer stark in eine soziale Gruppe eingebunden ist und von ihr unterstützt wird, der ist auch besser gegen PTSD geschützt.«

Christina Bergmann: Die unsichtbaren Folgen des Irak-Krieges. In: Deutsche Welle (13. Februar 2009). www.dw.com/de/die-unsichtbaren-folgen-des-irak-krieges/a-4026748 (Stand: 8. 11. 2023).

Erlaubtes Material: Textausgabe Wolfgang Borchert, *Draußen vor der Tür*, Reclam XL – Text und Kontext.

Arbeitsauftrag 2a: Fassen Sie den Artikel aus dem Internetauftritt des Rundfunksenders *Deutsche Welle* strukturiert zusammen. (30 %)
Arbeitsauftrag 2b: Überprüfen Sie mithilfe des Artikels, ob der Protagonist Beckmann aus dem Stück *Draußen vor der Tür* unter dem Posttraumatischen Stress-Syndrom (PTSD) leidet. (40 %)
Arbeitsauftrag 2c: Setzen Sie sich kritisch mit dem Bild vom Krieg im Stück *Draußen vor der Tür* auseinander. (30 %)

Unterrichtszusammenhang:

Diese Klausuraufgabe würde einen stärker historischen, kritischen Zugriff erfordern. Sie würde dem Rechnung tragen, dass Borcherts Drama seit seinem Erscheinen immer auch als kulturelles, nicht nur als literarisches Zeugnis verstanden wurde. Zum Kriegsbild bei Borchert sollte ebenso vorgearbeitet worden sein wie zu Beckmanns Traumatisierung. Der kritische Zugriff könnte durch auszugsweises Lesen des Reemtsma-Artikels erfolgt sein.

Mögliche Varianten:

Auch dieser Klausurvorschlag ist in einer reduzierten Variante für eine zweistündige Version abwandelbar. Die 3. Aufgabe fällt dann weg, dafür kann die 2. Aufgabe deutlich offener formuliert werden, z. B.: »Diskutieren Sie Persönlichkeit und Kriegserlebnis Beckmanns, des Protagonisten aus dem Stück *Draußen vor der Tür*, vor dem Hintergrund des *Deutsche-Welle*-Artikels.«

Lösungshinweise

zu Arbeitsauftrag 2a)

- Einleitungssatz: – Christina Bergmann – (populärwissenschaftlicher) Bericht – 13. Februar 2009 – »Die unsichtbaren Folgen des Irak-Krieges« – stellt den Kenntnisstand über Behandlungs- und Vorsorgemöglichkeiten bei PTSD (Posttraumatisches-Stress-Syndrom) dar,
- das Syndrom besteht darin, dass Soldaten durch traumatische Erlebnisse im Krieg dauerhafte abnorme Verhaltensänderungen entwickeln – dies wird zwar seit dem Vietnam-Krieg als Krankheitsbild beschrieben, gibt es aber schon weit länger,
- im Mittelpunkt des Artikels stehen Aussagen des Psychiatrie-Professors Matthew J. Friedman, Direktor des Nationalen Zentrums für posttraumatische Belastungsstörungen des US-Ministeriums für Veteranen-Angelegenheiten,
- mittlerweile gebe es viele Angebote, um PTSD rechtzeitig zu erkennen und Betroffene darauf aufmerksam zu machen: Routine-Untersuchungen beim Militär und in Krankenhäusern, eine Website zur Information, Befragungen, Aufklärung über Therapieangebote, Vorkehrungen zur Überwindung der Schwellenangst bei den Soldaten,
- als zweite Säule neben der Behandlung nennt Friedman die Prävention: psychische Trainings analog zu

den körperlichen, Vorbereitung auf mögliche Gedanken und Gefühle während des Einsatzes, Gesprächsangebote durch ausgebildete Psychiater, Stärkung des Zusammenhalts der Kampfeinheit.

zu Arbeitsauftrag 2b)

- Beckmann kehrt 1945/46 aus dem Zweiten Weltkrieg zurück – auch da gab es schon PTSD, auch wenn es noch nicht so genannt wurde,
- die (historischen) Kriegsheimkehrer fanden sich zu Hause häufig nicht mehr zurecht, fanden ihre Familien zerstört vor, fühlten sich entwertet und isoliert vom Rest der Gesellschaft – durchaus auch eine »tickende Zeitbombe« (S. 120, Z. 10) für die damalige Gesellschaft,
- Beckmann zeigt auffälliges Verhalten: Apathie auf der einen Seite (S. 39), plötzliche, heftige Gefühlsausbrüche (S. 57) auf der anderen Seite,
- soziopathisches Verhalten: Ablehnung seiner Mitmenschen (S. 76) und Selbstausschluss (S. 49, 80).
- Quälende, in seinen Kriegserlebnissen wurzelnde Angst verfolgt Beckmann bis in den immergleichen Alptraum, aufgrund dessen er keinen Schlaf mehr findet und psychisch umso labiler wird (S. 32),
- Beckmann wird bis hin zu Phänomenen einer Persönlichkeitsspaltung psychisch geschädigt; Indizien: Halluzinationen (Szene 5), unsichtbarer Gesprächspartner (der Andere), Identitätsaufgabe (S. 16, 25).
- Selbstverständlich gab es anders als für die amerikanischen Soldaten im Artikel weder Vor- noch Nachsor-

ge – in der Nazi-Propaganda war der Soldat ein stolzer, unbesiegbarer Recke, der keine schadhafte Psyche haben durfte;

- gebrochenes Verhältnis zum »Anführer« (dem Oberst),
- auch das Aufgehobensein in der sozialen Gruppe, der Kampfeinheit, ist fraglich, obwohl er sich für das Schicksal der vermissten Kameraden zu interessieren und zu sorgen scheint (S. 36, 64).

➤ Als Resultat der Untersuchung kann stehen, dass es durchaus ein Ziel Borcherts war, typische psychische Schädigungen von heimkehrenden Soldaten am Beispiel der Beckmann-Figur zu zeigen, dass ihm aber natürlich der medizinische Hintergrund z. B. eines Psychiatrie-Professors fehlt, weswegen die PTSD-Diagnose mit Vorsicht zu genießen ist.

zu Arbeitsauftrag 2c)

Aus dem Ergebnis sollte hervorgehen, dass Borcherts vornehmliches Interesse bei der Nachkriegsgesellschaft von 1946/47 liegt, nicht beim Krieg. Ferner sollten kritisch gewürdigt werden:

- Typische Kriegseinsätze und Fronterfahrungen junger Männer. Beckmann wird als sehr junger Mann eingezogen, erhält einen Unteroffiziersgrad, kämpft an der Ostfront, gerät in Stalingrad in russische Kriegsgefangenschaft und kämpft sich 1945 aus Sibirien zurück nach Hause, wo er als »Kriegsheimkehrer« ebenfalls ein typisches Schicksal hat (im Übrigen geht der Fronteinsatz Beckmanns in Dauer und Umfang weit über Borcherts eigenen hinaus).

- Körperliche und psychische Beschädigung der Soldaten. Anknüpfend an Aufgabe 2 sollte herausgestellt werden, dass die Männer verwundet, traumatisiert und in ihrem Selbstverständnis gebrochen aus dem Krieg zurückkehren (Bezug zur Invalidität, zu unbewältigten Ängsten, zur Identitätsfrage).
- Anhäufung eines Schuldkontos. Soldaten werden im Krieg zu »Mördern« an ihresgleichen und wälzen daraufhin die Frage hin und her, wie sie an Kriegsgeschehnissen und möglicherweise dem Tod von Kameraden schuldig geworden sind. Beckmann kommt konkret nicht damit klar, dass elf Mann, für deren Wohlergehen er die »Verantwortung« aufgebürdet bekam, nicht wieder von der Erkundungsmission im Wald östlich von Gorodok zurückkehrten.
- Befehlsketten von oben nach unten. Der Oberst befiehlt seinem Unteroffizier Beckmann ein bestimmtes militärisches Handeln, gegen das aufzubegehren Strafe nach sich gezogen hätte; die Struktur von Befehl und Gehorsam werden von Beckmann wie von Borchert unhinterfragt gestützt und vorausgesetzt (Desertieren wird nie erwogen).
- Kontinuität zwischen Krieg und Nachkriegszeit (vor allem in der Figur des Obersts).
- Borchert fasst Krieg fast ausschließlich aus der Perspektive der jungen deutschen Soldaten und ihrer Kriegsheimkehr auf. Es ist frappierend, wie viele Leerstellen diese Perspektive aufweist, wenn man sie

mit dem heutigen Bild vom Zweiten Weltkrieg vergleicht:

- Krieg aus der Sicht der politischen Entscheidungsträger/der Nazi-Größen,
- Krieg aus der Sicht der alliierten Gegnermächte Deutschlands,
- Krieg aus der Sicht des literarisch-intellektuellen Deutschlands im Exil,
- Krieg aus der Sicht der sowjetischen Soldaten an der Ostfront,
- Krieg aus der Sicht der unter dem Einfall der deutschen Armee leidenden Zivilbevölkerung in den besetzen Ländern,
- Krieg aus der Sicht der in Konzentrationslager gesperrten und ermordeten Juden,
- Krieg aus der Sicht der Bevölkerung in den bombardierten deutschen Städten.

10. Literaturhinweise/Medienempfehlungen

Primärtexte

Wolfgang Borchert: Draußen vor der Tür. Ein Stück, das kein Theater spielen und kein Publikum sehen will. Hrsg. von Mario Leis. Stuttgart 2023. (Reclam XL. 16158.)

Wolfgang Borchert: Das Gesamtwerk. Hrsg. von Michael Töteberg unter Mitarbeit von Irmgard Schindler. Reinbek b. Hamburg 2007. – *Borcherts Gesamtwerk ist ja so schmal, dass man es in einem einzigen Band finden kann. Das sollte man ausnutzen.*

Wolfgang Borchert: Allein mit meinem Schatten und dem Mond. Briefe, Gedichte und Dokumente. Hrsg. von Gordon J. A. Burgess und Michael Töteberg unter Mitarbeit von Irmgard Schindler. Reinbek b. Hamburg 1996. – *Die perfekte Ergänzung zur Ausgabe des Gesamtwerks, um den Menschen Borchert besser kennenzulernen.*

Biografien

Burgess, Gordon J. A.: Wolfgang Borchert. Ich glaube an mein Glück. Eine Biographie. Berlin 2007. – *Der britische Germanistikprofessor und Borchert-Spezialist (*1947) stellt die Entwicklung Borcherts vom Schauspieler zum Schriftsteller in den Mittelpunkt. Burgess greift auf eine Fülle archivalischer Materialien zurück, über die Rühmkorf noch nicht verfügte.*

Rühmkorf, Peter: Wolfgang Borchert. Mit Selbstzeugnissen und Bilddokumenten dargestellt. Reinbek b. Hamburg [8]2002. – *Die erste Auflage erschien bereits 1961. Rühmkorf, der später selbst einer der wichtigsten Literaten und Essayisten der Bundesrepublik wurde, war, nur acht Jahre jünger als dieser, der erste Biograf Borcherts. Die spürbare Begeisterung Rühmkorfs für den jung verstorbenen Dichter macht das Buch gleichzeitig sehr interessant und gut lesbar.*

Forschungsstand

Burgess, Gordon J. A. / Winter, Hans-Gerd (Hrsg.): »Pack das Leben bei den Haaren«. Wolfgang Borchert in neuer Sicht. Hamburg 1996. – *Der Band basiert auf einer internationalen Borchert-Konferenz, die im Jahr 1995 in Hamburg veranstaltet wurde, und bietet eine Fülle von Anregungen für die Interpretation von Borcherts Werk.*

Online-Ressource

https://borchert.sub.uni-hamburg.de/borchert-box/ (Stand: 8. 11. 2023)

Im Jahr 2021, zum 100. Geburtstag des Dichters, richtete die Hamburger Staatsbibliothek in ihren Räumen die »Borchert-Box« ein. Während der vordere Raum als Ausstellungsraum fungiert, sind im hinteren Raum, »Borcherts Zimmer«, Mobiliar und weitere Objekte aus dem Nachlass versammelt. Unter dem oben genannten Link stehen viele der Ausstellungsstücke virtuell zur Verfügung.

11. Zentrale Begriffe und Definitionen

Drama/Dramatik: neben Lyrik und Epik eine der drei literarischen Großformen, die auf die szenische Realisierung im Theater hin angelegt ist.

➤ S. 41 ff.

Figur: (handelnder) Charakter in einem literarischen (Bühnen-)Werk.

➤ S. 17, 22 ff.

Mysterienspiel: Das Mysterienspiel ist eine Form des religiösen Volksschauspiels, das biblische oder andere christliche Erzählungen für eine Bühne dramatisiert. Die Gattung entstand im Mittelalter. Eine Sonderform sind die Passionsspiele, die sich auf den Leidensweg Christi konzentrieren, sowie der Totentanz, der die Macht des personifizierten Todes auf das Leben der Menschen thematisiert. Die bekannteste neuzeitliche Bearbeitung eines Mysterienspiel-Stoffes ist der *Jedermann* (1911) von Hugo von Hofmannsthal.

➤ S. 74

Nachkriegszeit: Je nach historischem Ort des Sprechers kann der Terminus »Nachkriegszeit« unterschiedlich lange Zeiträume bezeichnen. Den Anfangspunkt stellt hingegen jeweils die deutsche Kapitulation im Zweiten Weltkrieg im Mai des Jahres 1945 dar. Manchmal umfasst der Begriff nur die Jahre bis zur Gründung des deutschen Doppelstaates 1949, häufiger erstreckt er sich bis zur Studentenbewegung der 1960er Jahre oder sogar bis zur deutschen Einheit 1989/90. Geprägt ist die Nachkriegszeit von der globalen Konfliktlage des Kalten Krieges (1947–1989).

➤ S. 92, 104

Schauspiel: Sprechtheater (im Unterschied zu Musik- und Tanztheater); in etwa gleichbedeutend mit Drama.

➤ S. 7, 99

Stationendrama: Besondere offene Form des Dramas, in der die einzelnen Szenen oder Bilder lose aneinandergereiht und vor allem durch den Protagonisten des Stückes miteinander verbunden sind. Der Protagonist wird dramaturgisch von den anderen Figuren des Dramas deutlich abgegrenzt. In der Idealform stehen die einzelnen Stationen des Dramas gleichrangig nebeneinander, ohne kausal aufeinander aufzubauen. Vorgebildet ist das Stationendrama im Passionsspiel über die einzelnen Stationen auf dem Kreuzweg Jesu Christi.

➤ S. 42 f.

Stunde Null: Auffassung von einem abgrundtiefen Einschnitt, den die deutsche Kapitulation vom 8. Mai 1945 für die deutsche Geschichte bedeutet habe. Die Vorstellung, man habe mit diesem Datum gleichsam von vorne beginnen dürfen, wirkt potenziell entlastend für solche Menschen, die in der Zeit des Nationalsozialismus schuldig geworden waren. Allerdings haben neuere Untersuchungen gezeigt, dass der Begriff durchaus noch problematischer und schillernder ist. Einerseits entspricht er auch einem in der US-amerikanischen Politik um 1945 verbreiteten Konzept einer »Nullstellung« des öffentlichen Lebens in Deutschland, um so eine komplette Re- und Neuorganisation von Politik und Gesellschaft zu bewerkstelligen.

Andererseits scheint »die Rede von der Stunde Null vor allem eine spätere Erfindung zum Zweck ihres Dementis«[87] zu sein. In den 60er Jahren gewannen wieder die Sozialdemokraten an Zuspruch, die die vorangehende Adenauer-Zeit dafür kritisierten, zu viele belastete ehemalige Nationalsozialisten in verantwortlichen Positionen belassen zu haben, und ihr unterstellten, das Sprechen von der »Stunde Null« zu diesem Zweck erfunden zu haben.

➤ S. 73, 106.

Szene: kleinste dramatische Gliederungseinheit eines Dramas; auch Auftritt.

➤ S. 12 ff., 41, 43

Trümmerliteratur: Trümmerliteratur bezeichnet eine Epoche der deutschen Literaturgeschichte, die von 1945 bis Anfang der 50er Jahre andauerte. Die Autoren wie Heinrich Böll, Wolfgang Borchert, Günter Eich, Wolfgang Köppen und Hans Werner Richter waren von den Erfahrungen der Rückkehr aus dem Krieg und der deutschen Nachkriegsgesellschaft geprägt. Formal waren die Vertreter an einer einfachen, aber trotzdem idealisierten Umgangs- und Alltagssprache orientiert, mit der sie sich betont sowohl von der extrem literarisch-poetischen als auch von der ideologisierten, pathetischen Sprache der Nationalsozialisten abwandten.

➤ S. 53

87 Erhard Schütz, »Nach dem Entkommen, vor dem Ankommen. Eine Einführung«, in: Agazzi/Schütz (Hrsg.) (s. Anm. 25), S. 1–140, hier S. 29. Schütz zitiert hierbei zustimmend die Forschungen von Helmut Peitsch, *Nachkriegsliteratur 1945–1989*, Göttingen 2009.